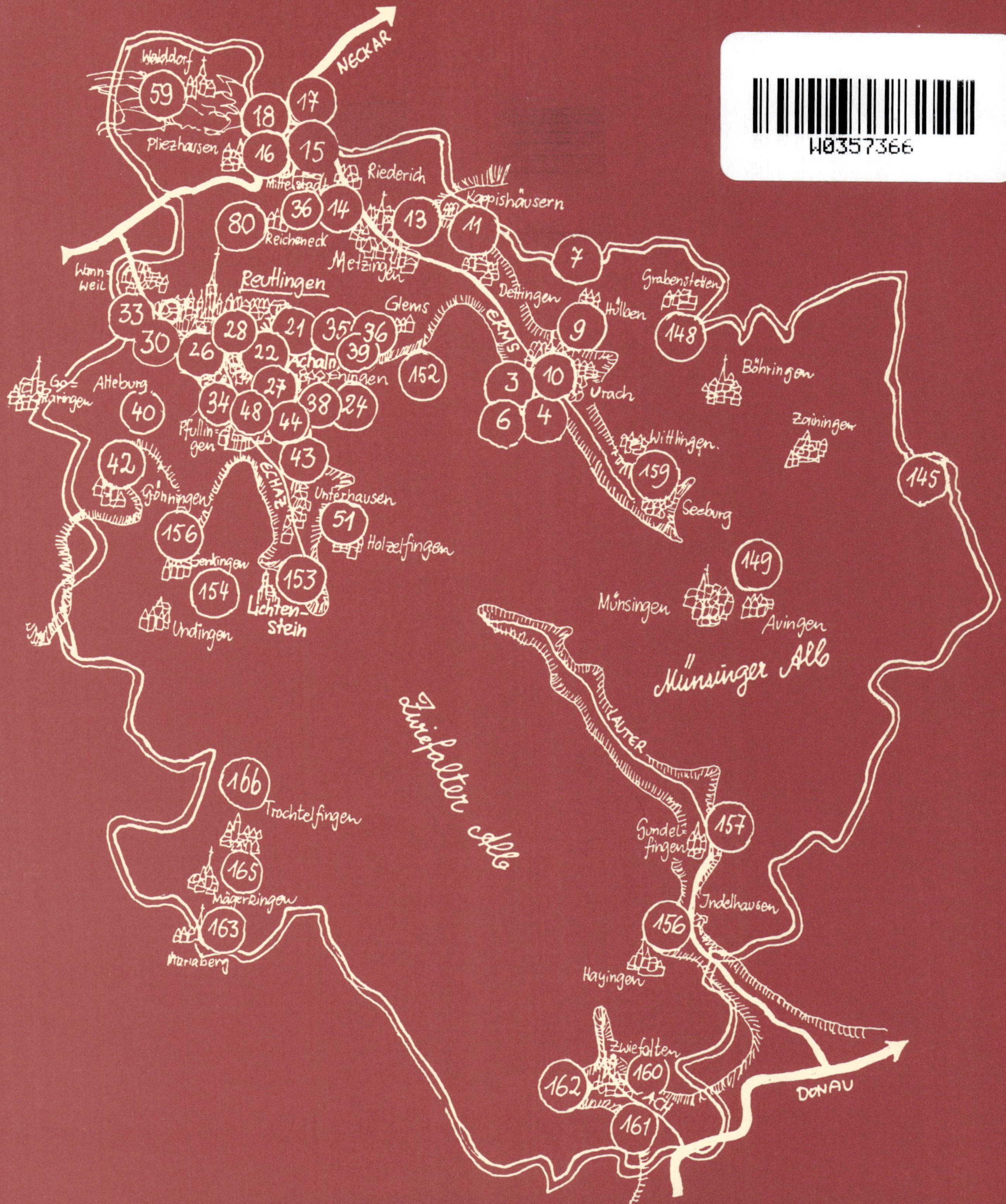

NECKAR
Walddorf
59
18
17
Pliezhausen
16
15
Riederich
Mittelstadt
36
14
13
Kappishäusern
11
80
Reicheneck
Metzingen
7
Wannweil
Reutlingen
Dettingen
Grabenstetten
Glems
ERMS
Hülben
33
28
21
35
36
9
148
30
26
22
39
Eningen
152
Böhringen
Go-maringen
Alteburg
27
3
10
40
34
48
38
24
Urach
44
6
4
Zainingen
Pfullingen
Wittlingen
42
43
159
145
ECHAZ
Gönningen
Unterhausen
Seeburg
156
51
Holzelfingen
149
Genkingen
153
154
Münsingen
Lichtenstein
Undingen
Avingen
Münsinger Alb
Zwiefalter Alb
LAUTER
166
Trochtelfingen
157
Gundelfingen
165
Mägerkingen
Indelhausen
156
163
Mariaberg
Hayingen
Zwiefalten
160
162
ACH
DONAU
161

DER SCHATZ IM BERG
SAGEN
AUS DEN LANDKREISEN
REUTLINGEN UND TÜBINGEN
TEXT: Manfred Wetzel
1985
Illustrationen: Joachim Burzik

Manfred Wetzel und Joachim Burzik

Der Schatz im Berg

Sagen aus den Kreisen Reutlingen und Tübingen

Verlagshaus Reutlingen · Oertel + Spörer
1985

Burgstraße 1–7, D-7410 Reutlingen

Schrift: 10/12 p Garamond
Gesamtherstellung: Oertel + Spörer, Reutlingen
Printed in Germany
ISBN 3-88627-050-5

Vorwort

Der Schatz im Berg

Reichtümer im Verborgenen,
verschüttet und verbannt,
in Vergessenheit geraten,
aber der Entdeckung harrend in der Tiefe der Erde,
von finsteren Mächten bewacht,
sich darbietend nur dem Mutigen
oder dem, der auserwählt ist,
den bösen Zauber zu brechen,
den Bann zu lösen:
In vielen Sagen findet man dies Bild.

Aber die Sagen selbst, jene rührend naiven Versuche unserer Vorfahren, Geheimnisvolles und Rätselhaftes zu erklären, Ereignisse und Erscheinungen dieser Welt als Werk überirdischer Mächte zu erkennen und ihnen damit außergewöhnliche Bedeutung zu verleihen, sind sie nicht selbst Schätze, bescheidene zwar, wenn man ihren literarischen Rang meint, doch von besonderem Wert, wenn man sie als Spuren der Menschen versteht, die vor uns hier zur Hause waren, wenn sie uns ein Teil unserer Heimat sind?

Die Brüder Grimm nannten Sagen und Märchen des ,,Vaterlandes“ einen ,,guten Engel“, der einen ,,unter der vertraulichen Gestalt eines Mitwandernden begleitet“, wenn man ,,ins Leben hinauszieht“. Und mit welcher Begeisterung machte sich Ernst Meier, Professor für morgenländische Sprachen an der Universität Tübingen, daran, die Quellen jener Sagen aufzuspüren! ,,Ich sammelte sorgsam auch die kleinsten Bruchstükke mit stiller Freude, ähnlich jenem Kinde, das zerbrochene hübsche Scherben auflas und heimtrug, ohne zu wissen, daß diese Trümmer sich noch in Gold verwandeln würden“, schrieb er im Vorwort zu seinem Werk ,,Deutsche Sagen, Sitten und Gebräuche aus Schwaben“, das bereits 1852 erschien. Neben der Sammlung ,,Sagen, Märchen, Volksaberglauben“ von Anton Birlinger ist dies die bedeutendste Fundstätte von Sagentexten unserer engeren Heimat.

Doch damals schon stellte Meier mit Bitterkeit fest, daß jene Schätze reinster Volksliteratur im Volke selbst vielfach verkannt wurden. Er ließ sich einmal von einem Schäfer allerhand ,,altes Gesag“ erzählen, als jener schließlich, stutzig geworden über die gespannte Aufmerksamkeit seines gebildeten Zuhörers, verwundert fragte: ,,Aber Herr, glaubet denn Sia so Lumpesächle no?"

Strömungen wie Pietismus und Aufklärung mögen es einst gewesen sein, die jene alten Erzählungen als ,,heillosen Aberglauben" abqualifizierten, und auch die Obrigkeit tat das Ihre, damit die mündliche Weitergabe der Sagen ins Stocken geriet (vielerorts wurden die Zusammenkünfte der Jugend in den Spinnstuben verboten, weil man die Sittlichkeit gefährdet sah und revolutionäre Umtriebe befürchtete).

Heute sind es andere Kräfte, die jene Schätze in Vergessenheit geraten lassen. Dort wo einst in der grünen Tiefe eines stillen Waldsees ein Wasserfräulein hauste, findet man heute ein lärmendes Kieswerk, jener Steg, bei dem sich allnächtlich ein Geistlein einfand, ist längst verschwunden, weil der Bachlauf inzwischen eingedolt wurde, und wo sich früher ein einsamer Weg durch den Wald schlängelte, trifft man heute eine vielbefahrene Straße.

So ist manche Idylle unwiederbringlich verlorengegangen. In unserer Erinnerung sollten sie aber gerade deshalb erhalten bleiben, jene alten Sagen und Geschichten.

Manfred Wetzel

Inhalt

Sagen aus dem
Ermstal

Das Totenköpfle auf Hohenurach

Die Kerker der Festung Hohenurach beherbergten einst manchen Unglücklichen, der beim Herzog in Ungnade gefallen war. Einer davon war der Dichter Nikodemus Frischlin, der sich wegen seiner freimütigen Schriften und Reden viele Feinde geschaffen hatte und monatelang schon in einem der dumpfen Verliese schmachtete.

Wie sehr sehnte sich der Gefangene nach dem Augenblick, an dem er die Bläue des Himmels, das frische Grün der Wälder und Wiesen, die Weite der Landschaft wiedersehen, an dem er seine engen und stickigen Kerkermauern verlassen und die Luft der Freiheit atmen konnte! Doch die Zeit verstrich, und der Dichter wartete vergebens auf seine Entlassung.

Eines Nachts versuchte er die Flucht. Durch den engen Schacht des Ofenlochs kroch er ins Freie und ließ sich an einem Strick, den er aus dem Leintuch seines Bettes geknüpft hatte, auf die Burgmauer hinab. Unter ihm gähnte nun der Abgrund, aber im ungewissen Licht des Mondes glaubte er den Fuß der Felswand zu erkennen. Wieder befestigte er den Strick an einem Vorsprung des Gemäuers und ließ sich in die Schlucht hinab. Doch er hatte die tiefste Stelle des Abhangs gewählt, und als das Seil endete, sah er nichts unter sich als die Finsternis des Waldes. Da hing er nun hilflos zwischen Himmel und Erde. Mit aller Kraft versuchte er, einen Halt zu ertasten, sich an die Wand zu klammern. Plötzlich riß der Strick, und der Unglückliche stürzte hinab, prallte gegen die Felszacken und blieb zerschmettert in der Tiefe liegen.

Anderntags entdeckte man die Flucht und barg den Toten. Als übers Jahr aber der Frühling einkehrte, da blühte überall dort, wo des Unschuldigen Blut im Waldboden versickert war, eine seltsame und wunderschöne Blume, wie man sie noch nie gesehen und wie sie seitdem nur im Uracher Tal zu finden sein soll. Die Leute nennen sie »das Totenköpfle«.

Der falsche Schwur

Wer durch das liebliche Tal des Brühlbaches wandert und hinaufsteigt zum Uracher Wasserfall, wird sich kaum der seltsamen Begebenheit erinnern, die sich vor vielen Jahren an jenem Orte zugetragen haben soll und von der folgende Sage erzählt:

Ein reicher Bauer aus einem Dorf droben auf der Alb hatte sich an seiner Magd vergangen. Als das Mädchen aber schwanger wurde, leugnete er seine Tat und wies es von Haus und Hof. Im bitteren Elend brachte die Magd ihr Kind zur Welt und wurde, wie es damals das Gesetz verlangte, vor Gericht geladen, um sich zu verantworten.

Auch der Bauer hatte vor dem Richter zu erscheinen, und er trat recht selbstbewußt auf, zeigte sich empört über die Beschuldigungen der Magd und schwor schließlich hoch und heilig, alles sei gelogen, was sie behaupte, und er wolle des Todes sein, wenn er die Unwahrheit sage.

Das Mädchen saß indessen still und verloren auf dem Armesünderstühlchen, ihr kleines Kind an sich drückend. Als es aber vernahm, wie falsch der Bauer redete und welch schrecklichen Meineid er schwor, nur um sein Ansehen zu wahren, da brach es in bittere Tränen aus.

Am Abend, als alles vorbei war und der Schuldspruch getan, machte man sich auf den Heimweg, der Bauer voraus, zusammen mit den anderen Dorfleuten, die ihn zum Gericht begleitet hatten, die Magd weit hinter jenen, allein mit ihrem Kind. Man hatte es eilig, denn Wind kam auf, und eine drohende Wolkenwand verhieß Regen.

Der Weg führte durch das Brühlbachtal und stieg dann steil hinauf zum Wasserfall. Es war schon dunkel, als man in den Wald trat, aber hin und wieder kam der Mond heraus und tauchte die Landschaft in ein gespenstisches Licht. Man hatte über mancherlei geredet, was an dem Tag geschehen. Im Schatten des Waldes indes verstummten die Gespräche. Keinem aber fiel auf, daß der Bauer zurückgeblieben war.

Dem war auf dem steilen Weg der Atem kurz geworden. Er versuchte den andern zu folgen und kam auch hinauf bis zur Hochwiese, über deren Rand sich das Wasser hinabstürzte in die dunkle Tiefe. Dann aber mußte er sich ausruhen, denn plötzlich überfiel ihn ein heftiger Schwindel. Mit letzter Kraft wankte er zu einem jener Felsklötze neben dem Weg, um sich darauf niederzulassen.

Als das Mädchen lange Zeit später an jenen Ort kam, glaubte es, in dem Rauschen des

Wasserfalls eine Stimme zu hören, die klagend und jammernd aus der Tiefe heraufstieg. Es preßte sein Kind an sich und beugte sich über den Abgrund. Da sah es am Fuße der Felswand im Gestrüpp einen Menschen liegen, der sich unter furchtbaren Schmerzen wand und qualvoll stöhnte, und als das Mondlicht auf den Verunglückten fiel, da erkannte es voller Entsetzen seinen einstigen Herrn.

»Gottes Gericht!« durchfuhr es die Magd, und der Gedanke erschreckte sie so sehr, daß sie lange Zeit wie gelähmt liegenblieb. Als sie sich schließlich aufraffte und abermals über die Felsenkante hinabschaute in die grausige Tiefe, war drunten jede Klage verstummt. Nur ein Käuzchenschrei übertönte das Tosen des stürzenden Wassers.

Prinz Christoph auf der Flucht

Als Herzog Ulrich vom Schwäbischen Bund aus seinem Land verjagt wurde, war auch sein Sohn Christoph in Gefahr, in die Hände der Feinde zu fallen. Zuerst verbarg er sich mit seiner Mutter auf der Feste Hohenurach, sollte aber dann zu seinem Großvater, dem Herzog von Bayern, fliehen. Heimlich machte er sich auf den Weg, begleitet nur von seinem Hofmeister.

Nach einiger Zeit merkten die Flüchtlinge, daß sie verfolgt wurden. Als die Feinde schon ganz nahe waren, hielt der Hofmeister vor der Schmiede des nächsten Dorfes und ließ den Pferden die Hufe herunterreißen und verkehrt wieder aufnageln. Dann setzten sie ihren Weg fort. Die Verfolger kamen so auf eine falsche Fährte und mußten schließlich aufgeben. Der Prinz und sein Hofmeister aber gelangten glücklich in Sicherheit.

Das Blaumännle

Mußte man früher mit dem Fuhrwerk die alte Steige von Neuffen hinauf nach Hülben, so tat man wohl daran, den Pferden gut zuzureden, wenn sie sich mühsam den Berg hinaufquälten, und auch selbst vielleicht Hand anzulegen, wurde der Weg gar zu steil. Denn droben auf dem höchsten Stein über der Schlucht, dem Weidelesfelsen, saß das Blaumännlein, so erzählte man, und beschaute sich das Treiben der Menschen.

Sah es, daß ein Fuhrmann schimpfte und fluchte, daß er auf die Pferde einhieb, wenn sie vor Erschöpfung fast zusammenbrachen, so hockte sich das Männlein flugs auch noch auf den Wagen. Dann gingen die Tiere keinen Schritt weiter, und der Bauer konnte sehen, wie er heimkam. War man aber gut zu den Pferden, so legte das Geistlein unsichtbar mit Hand an und sorgte dafür, daß das Fuhrwerk wohlbehalten oben anlangte.

Weil nun jedermann wußte, was ihn erwartete, ging es recht friedlich zu auf der Steige. Aber wenn man um Mitternacht dort unterwegs war, konnte es sein, daß man dem Blaumännle selber begegnete. Es erschien dann meist bei der obersten Kurve, die man deshalb heute noch »blauer Rank« nennt, und stand plötzlich mitten auf dem Weg, spitzbübisch grinsend, ein winziges Zwerglein in einem blauen Gewand. Dann blieben die Pferde mit einem Ruck stehen und zogen erst wieder an, wenn das Geistlein im Walde verschwunden war.

Der Kittelberger aus Hülben hatte einmal bis spät in die Nacht hinein in einem Neuffener Wirtshaus gezecht. Er konnte gerade noch auf seinen Wagen steigen und den Pferden mit der Peitsche eins überziehen, da schlief er auch schon ein. Die Rößlein indessen fanden ihren Weg allein, zur Stadt hinaus und dann die Steige hinauf. Da gings nun recht gemächlich, und als man beim blauen Rank anlangte, blieben die müden Tiere stehen, um zu verschnaufen. Ein paar Hülbener, die zu der späten Stunde auch noch unterwegs waren, fanden das Fuhrwerk mit dem selig schlummernden Bauern und spannten die Rösser aus, die daraufhin zufrieden heimwärts trabten.

Als der Kittelberger am anderen Morgen schließlich aus seinem Rausch erwachte, rieb er sich die Augen und hielt verwundert Ausschau nach seinen Pferden. Die aber waren verschwunden, und dem Bauern blieb nichts anderes übrig, als den Wagen stehenzulassen und das letzte Stück des Wegs unter die eigenen Füße zu nehmen.

Daheim war er dann froh, seine Braunen im Stall zu finden, und als man ihn fragte, was vorgefallen, da schwor er hoch und heilig, das Blaumännle habe ihm den Streich gespielt. Den Schaden hatte er, und für den Spott brauchte er nicht zu sorgen.

Das Heiligenbergfräulein

Auf dem Pfählhof im Elsachtal bei Urach lebte einst ein Edelfräulein mit seinem Gesinde. Es stammte aus vornehmer Familie und besaß nicht nur den stattlichen Bauernhof, sondern auch mancherlei Schätze. Doch hing sein Herz nicht an diesem Reichtum. Oft kamen Menschen, die in Not geraten waren, zum Pfählhof, und immer erhielten sie Speise und Trank, ein gutes Wort und einen gescheiten Rat.

Das Edelfräulein war sehr fromm, und als es sein Ende herannahen fühlte, ließ es droben über dem Talschluß, dort, wo ein paar Hütten um ein Wasserloch, eine Hüle, standen, eine Kapelle bauen. Und damit das Kirchlein auch nach dem Tod der Edelfrau versorgt werden konnte, stiftete sie ein Stück Wald, das ihr eigen war und das man fortan Kirchenwald oder Heiligenbergwald nannte.

Aus den Hütten um die Hüle wurde das Dorf Hülben, aus der Kapelle eine stattliche Kirche, aber vergessen haben die Hülbener ihre Wohltäterin nicht. Manche behaupten, sie hätten die Edelfrau in hellen Nächten im Heiligenbergwald gesehen, dahin und dorthin sich wendend und bückend, als ob sie etwas suchen würde. Es seien wohl ihre Schätze, nach denen sie forsche. Sie habe einst all' ihren Reichtum vergraben, als Krieg über das Land hereinbrach, um ihn vor plündernden Soldaten zu retten, und nun könne sie den Ort nicht mehr finden. Andere Hülbener erzählen, sie hätten das Fräulein in der Dämmerung zwischen Kirche und Kirchenwald umgehen sehen, in ein glänzendes Gewand gehüllt und einen Schleier über dem Haupt. Aber als sie nähergekommen seien, da habe sich alles in Nebel aufgelöst.

Die Gaismadel

Vor vielen Jahren verkaufte auf dem Markt in Urach eine Bauersfrau ihre Waren, die hieß man die Gaismadel. Wo sie herkam, weiß niemand mehr, aber daß sie's mit der Ehrlichkeit nicht sehr genau nahm, merkte man bald. Kaufte man etwa ein Pfund Butter und prüfte daheim nach, dann kam heraus, daß einem das geizige Weib nur dreiviertel Pfund abgewogen hatte. Beschwerten sich aber die Betrogenen, so sagte die Gaismadel schnippisch: »Drui Vierling isch ao a Pfond«.

Wenn wundert's, daß man der Bäurin fortan besonders genau auf die Finger schaute

und daß mancher sie mahnte: »Drui Vierling isch koe Pfond; Madele, wieg's wohl!« Doch die kümmerte sich wenig drum und betrog, wo sie nur konnte.

Aber alles findet sein Ende, und als der Tod zu der Gaismadel kam und abgewogen wurde, was sie an Gutem und Bösem vorzuweisen hatte, da reichte es nicht zur ewigen Ruhe, und ihr Geist wurde in einen Stein verbannt, den die Leute heute noch den »Gaismadelfelsen« nennen.

Wenn Kinder die Uracher Steige nach Hülben hinaufwandern und an der Felswand vorbeikommen, rufen sie zuweilen:

»Drui Vierling isch koe Pfond!
Ganget schnell hoem,
d'Gaismadel kommt!«

Dann lauschen sie dem Widerhall, und ein Schauder schüttelt sie, als ob die Gaismadel gleich aus dem Wald hervorbrechen und sich auf sie stürzen wolle.

Eine alte Frau aus Hülben erzählte, sie hätte einmal die Gaismadel so sehr geärgert, daß jene gekommen sei und sich ihr auf den Rücken gesetzt habe. Die Last sei so schwer gewesen, daß sie nur mit größter Mühe den Weg habe fortsetzen können. Erst als sie oben ankam, wich die Bürde von ihr. Seither verhöhnte sie den Geist nicht mehr.

Zwerg Gürtelknopf auf dem Florian

Dem Friederle in Kappishäusern widerfuhr einst etwas Seltsames: Eines Nachts, als er nicht einschlafen konnte, weil ihn der Hunger so plagte, ging plötzlich die Kammertür auf, und eine helle Kugel rollte herein, gerade auf sein Bett zu. An der Wand aber war in feuriger Schrift zu lesen: »Komm heute nacht auf den Floriansberg!«

Der Bursche brachte kein Wort heraus; aber da war der Spuk auch schon verschwunden. Er kroch ganz verstört aus seinem Bett, schlüpfte in die Kleider und machte sich auf den Weg, wie ihm befohlen worden war. Als der Frieder so mutterseelenallein den Berg hinaufstieg, ging ihm mancherlei durch den Kopf: Er erinnerte sich, daß dort oben der Sage nach ein Geistlein hausen sollte, ein Zwerg, dessen Namen niemand kannte und den die Leute spöttisch »Gürtelknopf« hießen, weil er an seinem Gürtel einen riesigen Knopf trug. Er soll schon mancherlei Unheil angerichtet, aber auch vielen, die in Not waren, geholfen haben, erzählte man.

Endlich stand der Bursche auf der Kuppe des Berges. Ängstlich schaute er sich um. Der Mond verbarg sich zuweilen hinter rasch dahinziehenden Wolkenfetzen, drüben im Wald knarrten dürre Äste im Wind, und in der Ferne schrie eine Eule. Aber niemand war zu sehen. Der Frieder wäre am liebsten den Berg wieder hinabgerannt, nachdem er den Auftrag erfüllt hatte. Aber gerade als er sich zum Gehen wenden wollte, schlug es auf der Metzinger Stadtkirche Mitternacht. Kaum war der letzte Glockenton verhallt, da lohte auf dem Berggipfel ein mächtiges Feuer auf, und eine sonderbare Musik erklang.

Neugierig schlich sich der Bursche näher. Hinter einem Felsen verborgen, sah er mit Verwunderung, wie eine Schar junger Mädchen um die Flammen tanzte. Sie hatten sich an den Händen gefaßt, bildeten einen Kreis und bewegten sich mit solcher Anmut, daß der Frieder meinte, nie in seinem Leben etwas so Schönes gesehen zu haben.

Auf einmal bemerkte eines der Fräulein den neugierigen Burschen. Es lächelte, löste sich aus dem Reigen, nestelte am Hals und warf ihm eine goldene Kette zu, die es getragen hatte. Der Frieder war so verdutzt, daß er sie zu fangen vergaß, und sie fiel zu Boden. Rasch sprang er hinter dem Felsen hervor und bückte sich, sie aufzuheben.

Da stand plötzlich ein kleines Männlein vor ihm. »Gürtelknopf!« stammelte der Frieder, und schon hatte er zwei Ohrfeigen eingefangen, daß ihm Hören und Sehen verging. Kaum daß er den Weg wiederfand hinunter nach Kappishäusern.

Drei Tage lang lag er krank im Bett, aber dann stieg er wieder den Berg hinauf und suchte nach dem goldenen Kettlein. Doch so sehr er sich mühte, er fand es nicht mehr.

Als der Frieder anderntags erwachte, traute er seinen Augen nicht: Der Tisch war mit köstlichen Speisen gedeckt! Und fortan warteten jeden Morgen andere Leckerbissen auf ihn. So hatte es Zwerg Gürtelknopf doch noch gut gemeint mit dem Burschen.

Die Kapuzinerbuche

Einst stand an der Straße von Metzingen nach Kohlberg ein mächtiger Baum, die Kapuzinerbuche. Dort kamen einmal gegen Mitternacht zwei Kohlberger vorbei, die in Metzingen lange gezecht hatten und nun auf dem Heimweg waren.

Die Nacht erschien ihnen sonderbar: Alles war so still, und das Land lag vor ihnen im bleichen Lichte des Mondes. Plötzlich sprang eine schwarze Katze über den Weg. Dies schien den beiden ein böses Zeichen, aber sie gingen trotzdem weiter.

Als sie zur Kapuzinerbuche kamen, wunderten sie sich, denn der Platz war hell erleuchtet. Tische und Bänke standen unter dem Baum, und die köstlichsten Speisen und Getränke luden zum Verweilen. Auch erklang im Wald eine festliche Musik, aber seltsam – niemand war zu sehen!

Der eine Gesell sprach zum anderen: »Wir sind zum Fest geladen. Komm und laß uns genießen, was uns geboten!« Der andere aber fürchtete sich und ging weiter. Nach einer Weile war er indes doch neugierig, wie es seinem Freund ergangen sein mochte, und er kehrte um.

Zu seinem Schrecken war der Platz unter dem Baum jetzt leer und öde, und so sehr er nach seinem Gesellen suchte und rief, alles blieb still. Bestürzt eilte er ins Dorf und erzählte, was geschehen. Da machten sich am anderen Morgen die Kohlberger auf, den Verschwundenen zu suchen. Zu ihrer Verwunderung fanden sie ihn auf der Buche sitzend und so in eine Gabelung geklemmt, daß man einen Ast absägen mußte, um den Unglücklichen zu befreien.

Der Nachtvogel

Ein Spielmann war einst des Nachts bei Riederich unterwegs. Die Straße führte am Wald entlang, der wie eine dunkle Wand neben ihm aufragte. Es war finster, aber hin und wieder schaute doch der Mond hinter den Wolken hervor und tauchte das Tal in ein bleiches, fahles Licht.

Plötzlich gewahrte der Musikant einen großen dunklen Vogel, der mit breiten Schwingen langsam vor ihm her flog. Er aber schritt unbekümmert weiter des Wegs, und als sein Begleiter bei ihm blieb, redete er ihn an und sprach: »Weil du mit mir kommst, will ich dir eins aufspielen.« Er nahm seine Fiedel und strich lustig drauf los, und der Vogel flog weiter vor ihm her. Aber endlich war der Geiger müde, denn er hatte den ganzen Abend lang auf einer Hochzeit gespielt. Er nahm den Bogen, klopfte auf seine Fiedel und rief seinem merkwürdigen Begleiter zu: »He, Geselle, nun hab ich genug getan! Zahl mich aus für mein Spiel, du Galgenvogel, wie's der Brauch ist!«

Kaum hatte er geendet, da stürzte er zu Boden, daß ihm alle Knochen im Leib weh taten, und als er nach seiner Geige tastete, merkte er, daß sie in hundert Stücke zerbrochen war. Schließlich stand er mühsam auf und schaute sich nach seinem Begleiter um. Da hörte er über sich aus dem hohen Wipfel einer Eiche jemanden höhnisch lachen: »Ha, ha, ha!«
Das klang so schrecklich, daß er alle Schmerzen vergaß und voller Furcht schnell davonrannte.

Die Brühlbärbel

Zwischen Bempflingen und Mittelstadt auf dem Brühl gab es früher einen Weiler, an den nur noch Scherben erinnern, die der Pflug hin und wieder ans Tageslicht hebt. Aber man sagt auch, in jener Gegend spuke ein Geist, die »Brühlbärbel«. Sie tat noch niemandem etwas zuleide, erschreckte nur des Nachts die Wanderer, wenn sie plötzlich vor ihnen auftauchte, und nahm manchen bei der Hand, um ihn ein Stück Wegs zu begleiten.

Einmal war ein Bauer spätabends von Bempflingen her auf dem Heimweg nach Mittelstadt. Er hatte lange gezecht und auch einen über den Durst getrunken, so daß er sich schwer tat, nicht von der Straße abzukommen. Wie er nun am Brühl anlangte, war ihm, als ob jemand um ihn herumtanze. Da packte ihn die Angst, und er begann zu laufen. Aber die Brühlbärbel blieb bei ihm, ob er ihr gut zuredete oder wild schimpfte. Schließlich war er am Ende seiner Kraft, warf sich auf den Boden und rief: »Do, Goescht, hoscht me!«

Als nichts geschah, mag er eingeschlafen sein und anderntags erst das letzte Stück Weg nach Mittelstadt hinter sich gebracht haben. Dort erzählte er sein schreckliches Erlebnis. Ob man ihm wohl glaubte?

Der Kelterknecht und das Edelfräulein

Unweit von Mittelstadt soll am jenseitigen Neckarufer einst ein prächtiges Schloß gestanden haben. Von ihm blieben nur einige Gewölbe übrig, in denen ein Edelfräulein haust, wunderschön und zierlich von Gestalt. Es zeigte sich früher oft in einem schneeweißen Gewand und kam manchmal bis zur Neckarbrücke, winkte den Kindern, die dort spielten, und bot ihnen Blumensträuße. Traten jene aber hinzu und wollten danach greifen, so verschwand alles wie Nebel vor ihren Augen. Auch sah man das Mädchen um die Weihnachtszeit am Wasserfall des Merzenbachs, wo es in dem eiskalten Wasser Windeln wusch.

Ein Kelterknecht aus Mittelstadt traf das Fräulein des öfteren, wenn er am Neckar zu tun hatte. Ihm näherte es sich zutraulich, sprach mit ihm und begleitete ihn ein Stück des Wegs. Schließlich verlor es alle Scheu und erzählte dem Burschen, er sei der einzige Mensch, der es erlösen könne. Der Knecht fragte neugierig, wie das zugehen solle. Daraufhin bat ihn das Fräulein, ihm in seine unterirdische Behausung zu folgen. Dort stehe eine mit Gold gefüllte Truhe, auf der ein Pudel sitze, um den Schatz zu bewachen. Den solle er fassen und wegheben, und er habe nichts zu befürchten, auch wenn das Tier Feuer speie. Und dann möge er auch ohne Angst sein, wenn greuliches Getier auf ihn zukrieche und sich ihm auf Schultern und Rücken lege, Nattern, Eidechsen und Kröten, denn dies sei sie selbst, die ihm in solcherlei abscheulicher Gestalt erscheinen müsse. Bringe er es fertig, stillzuhalten und zu schweigen, so sei sie erlöst und der Schatz sein eigen.

Den Knecht packte das Grauen, und obgleich er das Mädchen liebte, so fürchtete er sich doch vor der Mutprobe, ging still neben ihm her und sagte nur immer: »Gott helfe dir, ich kann es nicht!«

Als das Edelfräulein sah, daß all' sein Flehen und Bitten umsonst war, jammerte es und sprach: »Jetzt muß ich wieder dreihundert Jahre warten, bis mich einer erlösen kann.« Daraufhin erhob sich plötzlich ein Sturmwind, der fegte über die Talaue und stieß den verängstigten Burschen zu Boden. Als er wieder aufschaute, war das Fräulein verschwunden.

Das Hardtmännle

Zwischen Mittelstadt und Neckartenzlingen liegt ein kleines Waldstück, das man »Hardt« nennt. Dort soll einst ein gar seltsames Männlein gehaust haben. Es trug meist einen grünen Rock und einen runden Hut, aber zuweilen erschien es den Leuten in so absonderlicher Kleidung, daß sie erschraken und davonliefen. Einmal zeigte es sich ganz durchsichtig, daß man alle Rippen bei ihm zählen konnte und es schien, als brenne ein Licht in seinem Leib.

Manchmal vernahm man auch Axtschläge im Wald. Ging man ihnen nach, um die Holzfäller zu suchen, so fand man niemand. Die Leute sagten dann: »'S Hardtmännle hat Holz g'hackt.«

Der Schatz in der Pliezburg

Bei Mittelstadt stand einst ein Schloß, die Pliezburg. Als die Gebäude und Mauern schon lange zerstört waren, soll noch der Keller erhalten gewesen sein, in den man durch ein Tor und einen dunklen, halbzerfallenen Gang gelangen konnte. In jenem Kellergewölbe, so erzählt man, sei der Schatz des früheren Burgherrn in einer Kiste aufbewahrt, die von einem Pudel bewacht würde. Den könne man mit einer Haselrute wegjagen.

Obwohl es anscheinend so einfach war, den Schatz zu heben, wagte sich keiner in den Keller. Man mied den Ort und ebenso den Schelmenwald, wo sich die Burg einst befunden haben soll, denn auch dort, so sagen die Leute, war es nicht geheuer.

Einmal war ein Pliezhäuser Bauer gegen Mitternacht mit seinem Fuhrwerk von Mittelstadt her auf dem Weg nach Hause. Plötzlich vernahm er in der Luft ein eigenartiges Surren. Die Pferde blieben wie angewurzelt stehen, und so sehr er sie auch trieb, sie gingen keinen Schritt weiter. Nach langer Zeit erst verlor sich das Geräusch der Pliezburg zu, und endlich bequemten sich die Gäule, den Weg fortzusetzen.

Reütlinger Sagen

Die goldene Kette

Wenn über dem Echaztal ein Unwetter heraufzog und die Bauern und Weingärtner Sorge hatten, ein Hagelschlag könnte ihre Felder verwüsten, dann trösteten sie sich und sagten: »An der Achel wird sich das Wetter brechen und einen anderen Weg nehmen.«

Die Sage erzählt nämlich, die Achalm, jener stolze Berg, an dessen Fuß sich die alte Freie Reichsstadt Reutlingen schmiegt, sei einstens Donar, dem Wettergott unserer Vorfahren, geweiht gewesen. Von ihrem Gipfel aus habe er gegen die heranstürmenden Wolkenberge und Hagelriesen gekämpft, ihnen seine Blitze entgegengeschleudert, sie in die Flucht geschlagen und mit seinem Donnerwagen verfolgt.

Da nun aber der Gott nicht immer auf seinem geliebten Berg weilen konnte, ließ er von kunstfertigen Zwergen eine goldene Kette schmieden und schlang sie um die Achalm. Ihr Zauber war so stark, daß künftig alles Land, das von ihr umgrenzt wurde, verschont blieb vor Hagelschaden.

Vor langer Zeit trieben Bergleute beim Scheibengipfel einen Schacht in den Boden. Sie fanden glänzende Steine und glaubten, Glieder der goldenen Kette entdeckt zu haben. Doch bald stellte sich heraus, daß sie nur Schwefelkies gefunden hatten, »Katzengold«, wie man das wertlose Mineral verächtlich nannte. Die Grube wurde aufgegeben, aber heute noch nennt man den Platz das »Goldloch«.

Wie die Achalm zu ihrem Namen kam

Über den Namen jenes Berges, den Ludwig Finckh den schönsten auf Gottes Erdboden nennt, gibt es mancherlei Deutungen. Ob dort einst die Bergweide des Acho war oder ob das Wort keltischen Ursprungs ist, Sagen erzählen es anders:

Im Gemäuer der Burg, die einst den Berg krönte, fand man einige eiserne Pfeile, die von einer Belagerung der stolzen Feste herrühren sollen. Als sich damals nach hartem Kampf die Verteidiger ergeben mußten und freien Abzug erhielten, habe der Burggraf, von seinem Besitz Abschied nehmend, voller Bitterkeit ausgerufen: »Ach, äll muß ich verlassen!« So sei die Burg zu dem Namen »Achel« gekommen, wie man heute noch in Reutlingen den Berg heißt.

Eine andere Sage berichtet, um das Jahr 1000 n. Chr. habe in Pfullingen oder Dettingen ein Graf gelebt, der den Namen Luito trug und Herr war über den Pfullichgau. Der ältere seiner beiden Söhne, Egino, diente lange Zeit im Heer des Kaisers Konrad II. Als der Vater gestorben war, kehrte Egino in seine Heimat zurück und gedachte, mit dem erworbenen Vermögen sich eine ebenso stolze Burg zu bauen, wie er sie auf seinen Kriegszügen am Rhein und im welschen Land gesehen. Als Platz wählte er den Gipfel jenes hohen Berges zwischen dem Echaz- und Ermstal, an dessen Fuß das kleine Dorf Reutlingen lag.

Bauleute wurden geworben, die Bauern des Pfullichgaus zu Frondiensten gerufen, und auf dem Berg herrschte bald ein emsiges Leben. Hinter tiefen Gräben wuchsen mächtige Mauern empor. Oft weilte Graf Egino auf der Baustelle, prüfte die Arbeit, lobte den Fleiß der Handwerker und freute sich über den raschen Fortgang seines Werkes.

Eines Tages nun geschah es, daß zwischen zwei Arbeitern ein heftiger Streit ausbrach. Egino kam hinzu, forschte nach der Ursache und ließ den Schuldigen in den Kerker der Burg werfen. Als man aber am anderen Morgen nach dem Gefangenen schaute, war er verschwunden.

Einige Tage später stieg der Graf wieder hinauf zur Burg, deren Bau nun bald vollendet war. Plötzlich trat aus dem Gebüsch am Weg ein Mann, ein blitzendes Messer in der erhobenen Faust. Egino erkannte den Entflohenen wieder, der sich an dem Grafen für die erlittene Schmach rächen wollte. Da Egino ohne Waffen und Begleiter war, währte der ungleiche Kampf nicht lange. Der Mörder stieß dem Wehrlosen das Eisen in die Seite und ließ ihn in seinem Blute liegen.

Erst nach langer Zeit erwachte der Graf aus seiner tiefen Ohnmacht, verband die klaffende Wunde und setzte mühsam und von heftigen Schmerzen geplagt seinen Weg fort zur Burg hinauf. Dort aber brach er zusammen und lag drei Tage bewußtlos.

Vor seinem Tode kam er noch einmal zu sich, verteilte seinen Besitz und nahm Abschied von seinen Angehörigen. Sein Bruder aber mußte ihm versprechen, die Burg zu vollenden. Als jener sich über den Sterbenden beugte, um zu fragen, welchen Namen sie einst tragen solle, quoll ein Blutstrom aus dessen Munde. Egino sank auf sein Lager zurück und seufzte: »Ach, allm. . .!« Den allmächtigen Gott wollte er in seiner Todesnot anrufen. Weil dies seine letzten Worte waren und sein Bruder aufs getreueste ausführte, was er versprochen, erhielt die Burg den Namen »Achalm«.

Der Kampf mit dem Drachen

Über dem Arbachtal bei Eningen erhebt sich der Drackenberg, in dessen Felsschluchten vor langer Zeit ein Drache gehaust haben soll, ein greuliches Ungeheuer mit mächtigen Flügeln, scharfen Krallen und einem gräßlichen Rachen, der Rauch und Feuer spie. Tag und Nacht lag das Untier auf der Lauer, und kam jemand vorbei, so schoß es aus seinem Versteck, packte den Unglücklichen und fraß ihn auf. Bald wagte sich niemand mehr in die Nähe des Drackenberges, aber da erhob sich der Drache in die Lüfte, flog über das Land und holte sich Menschen und Tiere, wo er sie fand.

Nun geschah es, daß einmal des Königs einzige Tochter am offenen Fenster des Schlosses stand, um der Sonne zuzuschauen, die blutrot hinter den fernen Hügeln versank. Da rauschte es über ihr, und als sie emporblickte, sah sie voller Entsetzen den Drachen daherfliegen. Ehe sie sich verbergen konnte, hatte er sie mit seinen Klauen gepackt und trug sie davon in seine Höhle auf dem Drackenberg. Weil aber das Mädchen so schön war, fraß er es nicht gleich auf, sondern wollte sich an seinem Anblick noch eine Zeitlang erfreuen.

Bald wußte man im ganzen Land von der Untat des Drachen, und der König, verzweifelt über den Verlust seiner Tochter, bot jedem alle seine Schätze, der die geraubte Jungfrau wieder befreie. Aber niemand hatte den Mut, gegen das Untier zu kämpfen.

Als der König schon fast alle Hoffnung aufgegeben hatte, erschien eines Tages ein fremder Ritter am Hofe. Er stieg von seinem stolzen Schimmel, ließ sich vor den Thron führen und erbot sich, den Kampf zu wagen und die Jungfrau zu erlösen. Der König war hocherfreut und versprach, ihm seine Tochter zur Frau zu geben, wenn ihm die Tat gelänge.

Nur wenige im Reich kannten die Behausung des Drachen, und der Ritter durchstreifte Wälder und Felder, Höhlen und Klüfte, ohne ihn aufzuspüren. Eines Abends kam er auch zu jenem Bergkegel zwischen Reutlingen und Pfullingen, den man damals den Echazberg hieß. Er sprengte den Hang hinauf, um vom Gipfel Ausschau zu halten. Plötzlich bemerkte er jenseits des Tales das Untier, das dort, zwischen Bäumen verborgen, auf der Lauer lag. Sogleich nahm er den Bogen von der Schulter und schoß einige Pfeile auf den Drachen, der, in seiner Ruhe aufgeschreckt, hochfuhr und, als er seinen Feind wahrnahm, sich mit Schnauben und Gebrüll auf das kleine Menschlein werfen wollte, das es wagte, ihn zu stören. Der

Ritter aber sprang vom Pferd und wich geschickt den Krallen aus, die nach ihm griffen. Hinter seinem Schild vor dem Feueratem des Tieres geschützt, wartete er, bis der Drache ganz nahe war, und stieß dann seine scharfe Lanze mit aller Kraft dem Ungeheuer in den Leib. Er hatte das Tier ins Herz getroffen, und ein Strom schwarzen Blutes sprang aus der Wunde und floß hinab ins Tal. Der Drache bäumte sich noch einmal auf und stürzte dann so schwer zu Boden, daß die Erde bebte.

Der Ritter holte die Jungfrau aus der Drachenhöhle und brachte sie zu ihrem glücklichen Vater. Die Kunde vom Sieg über das Untier verbreitete sich rasch im ganzen Reich, und jedermann wollte den tapferen Ritter sehen und ihm danken. Aber so sehr man nach ihm forschte, er war plötzlich verschwunden. Da meinten die Leute, es sei niemand anders gewesen als der heilige Georg, und ihm zum Gedenken baute man auf dem Berg, wo der Kampf stattgefunden hatte, eine Kapelle. Das Kirchlein ist längst zerfallen, aber der Hügel trägt bis heute den Namen »Georgenberg«.

Die Scherben in der Stadtmauer

Eines Tages spielten die beiden Mädchen eines Reutlinger Bäckermeisters im Gärtchen hinter dem Hause nahe der alten Stadtmauer. Auf einmal sahen sie zwischen dem Efeu im verwitterten Mauerwerk etwas glitzern. Sie sprangen hinzu, schoben die Ranken und Blätter beiseite und fanden glänzende Scherben zwischen Mörtel und Steinen. »Ein lustiges Spielzeug!« dachten sie und gruben und kratzten so lange, bis sich einige Stücke lösten. Immer mehr Scherben rollten aus der Mauerlücke, und die Kinder hatten ihre helle Freude daran, steckten sie in ihre Schürzentaschen und liefen nach Hause. Dort schwiegen sie über ihren Fund, denn sie fürchteten, man würde sie schelten.

Als am anderen Morgen die Mutter nach den Kleidern der Mädchen schaute und auch die beiden Schürzen in die Hand bekam, rief sie ärgerlich: »Haben die Teufelskinder denn schon wieder Steine im Sack!« Sie langte in die Taschen, um den unnützen Kram fortzuwerfen, aber wie groß war ihr Erstaunen, als sie lauter Goldstücke in der Hand hatte!

Schnell weckte sie die Kinder und fragte nach der Herkunft des Schatzes. Die Mädchen erzählten alles und wollten ihr die Lükke in der Stadtmauer zeigen, doch so sehr sie auch suchten, sie fanden die Stelle nicht wieder.

Die Bäckersleute aber waren durch den Fund so reich geworden, daß sie fortan ein sorgenloses Leben führen konnten.

Der Mann im Mond

Einstens wurde an den sonnigen Hängen der Achalm und des Georgenbergs viel Wein angebaut. Die Reutlinger Weingärtner waren bekannt als überaus fleißige Leute, die vom ersten Sonnenstrahl bis zur Abenddämmerung eifrig schafften und werkten. Dann aber machte man Feierabend, denn der Brauch gebot, daß man nur bei Tageslicht auf dem Feld arbeitete.

Einer der emsigsten hatte einmal den ganzen Tag in seinem Weinberg »Rebenbüschele« gemacht. Als es Abend wurde und er noch nicht fertig war, gedachte er zu warten, bis der Mond hell genug schien, um dann mit der Arbeit fortzufahren.

Zu Hause war man in großer Sorge, weil der Vater ausblieb, und als man schließlich nach ihm Ausschau hielt, entdeckte man den Vermißten im Monde »schweben«, der als große, runde Scheibe über dem Georgenberg heraufstieg. Ein Rebenbüschele trug er an einem Stock auf dem Rücken. Niemand weiß, wer ihn dorthin verwünscht hat. Das aber ist sicher: Der Mann im Mond ist ein Reutlinger, denn in der einstigen Freien Reichsstadt gibt es genug von der Sorte, »dia net gnuag kriega kennat«.

Seither sagt man übrigens in Reutlingen zu einem, der am späten Abend noch arbeitet: »Hör doch auf, sonst kommst du auch in den Mond!«

Von Reutlinger Hexen

Ein Mann aus Reutlingen fand einst des Abends auf der Gasse vor seinem Haus eine schneeweiße Gans, die herrenlos war. »Der Besitzer wird sich schon melden«, dachte er und sperrte das sich heftig sträubende Tier in seinen Stall. Als er aber anderntags nach ihm schaute, fand er statt des Vogels ein nacktes Weib in einer Ecke kauern. Da wurde ihm angst und bange, er öffnete schnell das Türlein zum Garten, und die Hexe schlüpfte behende hinaus und verschwand im Gebüsch.

Einem anderen Mann, einem ledigen Metzger, begegnete einmal bei der Marienkirche eine Sau, die sich offenbar verlaufen hatte. Er nahm sie mit und brachte sie zu den anderen Tieren in seinen Stall. Des Nachts vernahm er eigenartigen Lärm im Haus, achtete aber nicht darauf. Doch als er am Morgen wieder in den Stall kam, fand er dort statt des Borstenviehs seine Nachbarin im Stroh hocken, die war ganz nackt. Der Bursche merkte gleich, daß es da nicht mit rechten Dingen zuging. Als die Frau ihn aber flehentlich bat, ihr Kleider zu besorgen, damit sie sich auf dem Heimweg nicht zu schämen brauchte, willigte er schließlich ein und dachte, bei der Sache könne er etwas verdienen.

Er suchte den Ehemann der Hexe auf, und als der erfuhr, was vorgefallen war, gab er dem Burschen einige Goldstücke und nahm ihm das Versprechen ab, von der Sache zu schweigen. Dem Metzger war's recht, und das Weib kam unbescholten über die Gasse.

Als der Bursche aber zusehen mußte, wie in seinem Stall ein Stück Vieh ums andere krank wurde und starb, und als er schließlich sein bestes Pferd verlor, da merkte er, daß die Hexe sich an ihm rächen wollte, weil er die Goldstücke genommen hatte, und er klagte seine Not einer alten Frau, die gerade auf Besuch bei ihm weilte. Die verlangte einen Besen, stieg damit die Bühnentreppe hinauf und schlug so lange und heftig gegen die Stufen, bis die Reiser zerfetzt waren. Dann sagte sie zu dem Burschen, er solle die böse Frau besuchen.

Wie er hinkam, hieß es, sie sei krank; und als er sich nicht abhalten ließ und zu ihr in die Kammer drang, fand er sie im Bett liegen, das ganze Gesicht blutüberströmt und wie mit Ruten zerschlagen und zerfetzt. Er fragte sie, was ihr fehle, und sie antwortete, sie sei auf der Bühnentreppe gestürzt.

»Das ist dein Lohn, den du längst verdient hast«, sagte der Mann und ging. Bald darauf soll die Hexe eines qualvollen Todes gestorben sein.

Die Hexe als Spinne

Zwei Frauen aus Betzingen waren an einem heißen Sommertag vor dem Dorf auf einer Wiese, um Gras zu schneiden. Als es gegen Mittag ging, setzten sie sich, von der harten Arbeit müde geworden, in den Schatten der Bäume am nahen Rain. Bald fiel die eine in einen tiefen Schlaf.

Plötzlich bemerkte die andere, wie eine riesige Spinne aus dem Mund der Schlummernden kroch und im hohen Grase verschwand. Die Frau erschrak zutiefst und wollte ihre Gefährtin wecken, doch so sehr sie sich mühte, jene bei ihrem Namen rief und schüttelte, die Schlafende lag da wie tot.

Erst als eine halbe Stunde verstrichen war, erschien die Spinne wieder und schlüpfte in den Mund der Frau zurück, die daraufhin die Augen aufschlug und sich erhob, um an die Arbeit zu gehen, als ob nichts geschehen wäre.

Die andere Frau aber, die mit Grauen alles wahrgenommen hatte, glaubte, durch die Gunst des Bösen habe sich die Seele der Gefährtin in eine Spinne verwandelt und den Leib verlassen können, und sie blieb fortan der Hexe fern.

weitere
Sagen des Echaztals

Die Schlangensage von Wannweil

In Wannweil, dort, wo der Ebbach in die Echaz mündet, lag einst mitten im Fluß ein Felsen. An heißen Sommertagen sonnte sich eine Schlange auf dem Stein, die trug ein goldenes Krönlein. Das Tier stand bei den Leuten in hohem Ansehen. Niemand störte es an seinem Ruheplatz, und wenn man ihm auf dem Weg dorthin begegnete, wich man aus. Kam die Schlange in einer Ackerfurche daher, so stellte der Bauer seinen Pflug zur Seite, damit sie ihren Weg ungehindert fortsetzen konnte.

Das seltsame Tier hauste in einer Höhle mitten im Burghau, einem Hügel, auf dem einst ein Schloß gestanden haben soll. Durch einen bösen Zauber sei die Schloßherrin in eine Schlange verwandelt und in den Berg verbannt worden, erzählt man. Ein schwarzer Pudel mit feurigen Augen bewache die unermeßlichen Schätze der einstigen Burg.

Die Schlange suchte oft die Gesellschaft der Menschen, und häufig war sie zu Gast in einem Haus am Fluß. Sie spielte dann mit den Kindern und trank sogar aus der Milchschüssel, die man jenen hinstellte. Erst als ein Kind einmal böse gegen sie wurde, ihr mit dem Löffel auf den Kopf schlug und rief: »Du, sauf net bloß d' Milch, friß ao d' Brokka!«, da sei sie ausgeblieben. Weil die Schlange seit Menschengedenken in Wannweil bekannt war, hieß man sie »d' Uhleahne«, d. h. die Huhleahne oder Höhlenahne, und wenn Kinder zur Betglockenzeit nicht heimgehen wollten, schreckte man sie mit der Drohung: »D' Uhleahne kommt ond nemmt de mit en ihr Höhle!«

Nach dem verborgenen Schatz ist oft schon gegraben worden. Als einmal um Mit-

ternacht ein paar Burschen in die Höhle stiegen und das Gestein wegzuräumen versuchten, flogen ihnen bei jedem Hieb die Hacken über den Kopf. Da merkten sie, daß es an dem Ort nicht mit rechten Dingen zuging, und gaben auf.

Das verwunschene Burgfräulein soll aber alle hundert Jahre seine ursprüngliche Gestalt annehmen dürfen. Dann erscheint es den Menschen in einem schneeweißen Kleid mit einem goldenen Gürtel, an dem ein großer Schlüsselbund hängt. Wer es in dieser Zeit erlöst, bekommt auch den Schatz in der Höhle. Aber das ist noch keinem geglückt.

Die Pfulbensage

Vor langer, langer Zeit, als das Tal der Echaz noch von dichtem Urwald bedeckt war, geschah es, daß ein Graf auf der Jagd von seinem Gefolge abkam. Er hatte stundenlang die Fährte eines flüchtigen Hirsches verfolgt und sich dabei immer weiter in das schier undurchdringliche Dickicht gewagt. Die Rufe und Hornsignale seiner Gesellen verloren sich in der grünen Wildnis, er aber suchte hartnäckig die Spur des Wildes und trieb sein Pferd vorwärts, bis es schließlich, zu Tode erschöpft, unter ihm zusammenbrach.

Da erst nahm der Graf wahr, daß er allein war und in die Irre gegangen. Sein Rufen blieb ohne Antwort, und die Stille des Waldes umschloß ihn wie ein Grab. Als die Dämmerung hereinbrach, suchte er nach einem Platz, wo er die Nacht verbringen konnte. Da fand er im letzten Abendlicht unter einer mächtigen Eiche ein breites Moospolster. Von der wilden Jagd erschöpft, legte er sich nieder und schlief ein.

Am andern Morgen weckte ihn der Hornruf seiner Begleiter, die, voller Sorge um sein Schicksal, den Wald durchstreiften. Als sie ihn fragten, wie er in der Nacht geschlafen, antwortete er: »Wie auf einem Pfulben«. Und weil ihm der Platz so sehr gefiel, ließ er den Wald roden, gründete ein Dorf und nannte es Pfullingen.

So berichtet die Sage. Deshalb führen die Pfullinger einen silbernen Pfulben, ein Kissen, in ihrem Stadtwappen.

Die Hexen auf dem Rangenbergle

Hinter der Achalm bei Eningen liegt das Rangenbergle, ein kleiner bewaldeter Hügel. Im Dorf erzählte man sich, dort würden in besonderen Nächten die Hexen aus den umliegenden Orten zusammenkommen und auf Besen und Ofengabeln tanzen.

Ein junger Bursche aus Eningen, der weder an Hexen noch an Geister glaubte, ärgerte sich über das Geschwätz der Gesellen, und weil jene sich nicht belehren ließen, erbot er sich, des Nachts hinaufzusteigen auf den Berg.

Der Vollmond war gerade über dem Geißberg heraufgezogen, und zwischen den dunklen Tannen des Finstertobels hingen Nebelschwaden. So beherzt der Bursche war – als er den Hügel hinaufstieg und in den dunklen Wald trat, klopfte ihm doch das Herz, und er schaute sich scheu um. Alles sah so fremd aus, aber kein Laut war zu hören.

Die Gesellen in der Wirtsstube drunten saßen noch lange beim Wein und warteten auf seine Rückkehr. Als er ausblieb, dachten sie, er habe nur einen Scherz gemacht und sei heimgegangen.

Anderntags aber fand man den Burschen am Waldrand droben, am ganzen Leibe übel zerschlagen. Man fragte, was sich zugetragen, er aber schüttelte nur immer den Kopf und schwieg. Niemand erfuhr je, was ihm die Hexen angetan hatten.

Vom Muotesheer

Wenn der Sturmwind über das Land brauste, an Fenstern und Türen rüttelte und heulend durch die Schornsteine fuhr, wenn er durch die Gassen tobte und die Bäume bog, daß sie ächzten und stöhnten und zuweilen krachend niederstürzten, dann verbargen sich unsere Vorfahren voller Furcht in ihren Behausungen, denn sie meinten, das Muotesheer ziehe durch die Lüfte. Und wirklich: Es schien, als ob in dem Getöse das Stampfen und Schnauben von Rossen, die Rufe von Jägern und das Gebell einer wilden Meute zu hören wäre.

Wodans wilder Jagdzug reitet durch die Lüfte, so glaubten die Menschen damals, und wehe dem, der sich ihm in den Weg stellt!

Der Gutenberg bei Eningen, so glaubte man, war jenem Gott heilig und trägt heute noch seinen Namen. Deshalb wurde das Muotesheer dort besonders häufig wahrgenommen. Aber auch über Betzingen soll es oft hinweggezogen sein, vor allem im Frühjahr und Herbst. Man erzählt, ein großer Wagen, vor den weißscheckige Pferde gespannt waren, sei dann über das Dorf hinweggebraust. Im Wagen habe der Teufel gesessen mit all' seinem Gesinde. Die Wagenketten rasselten und laute Musik erklang, so daß man den Zug schon von weitem herannahen hörte. Trotzdem sei ein Mann immer vorausgeritten und habe gerufen: »Aus'em Weg! Aus'em Weg!« Wer den Ruf vernahm, mußte sich sogleich niederwerfen und an etwas festhalten, und sei es auch nur ein Grashalm, sonst wurde er mitgerissen.

Aber die Menschen hatten nicht nur Furcht vor dem Muotesheer. Wenn es sich früh im Jahr hören ließ, so glaubte man, bald werde nun alles wieder grünen und blühen und die Felder würden im Herbst viel Frucht tragen.

In Mittelstadt erzählt man sich, das Wilde Heer sei dort um die Weihnachtszeit durch den Ort gezogen. Ein Mann, der in einem Eckhaus an der Heerstraße wohnte, konnte seine Neugier nicht zähmen und schaute aus dem Fenster, als draußen der Sturm durch die Gasse tobte. Plötzlich war alles finster um ihn. Er tastete nach der Wand, rief seiner Frau und merkte schließlich voller Entsetzen, daß er sein Augenlicht verloren hatte.

Da war die Not groß, denn er konnte sein Brot nicht mehr verdienen, und auch seine Familie kam ins Elend. Übers Jahr um die gleiche Zeit brauste wieder der Sturmwind ums Haus. Auf einmal rief eine Stimme: »Vor einem Jahr habe ich zwei Fensterlein zugetan; jetzt sollen sie wieder aufgehen!« Im selben Augenblick konnte der Mann wieder sehen.

Der Mädchenfelsen

Vor langer, langer Zeit, als Pfullingen und Eningen noch kleine Dörfer waren, sah man oft auf dem mächtigen Felsen des Übersbergs eine wunderschöne Jungfrau sitzen. Ihr Kleid war glänzend weiß, und ihr seidenes Haar leuchtete im Sonnenschein wie Gold. Das Mädchen soll zu den Fräulein gehört haben, die im nahen Ursulaberg hausten. Es strickte mit blitzenden Nadeln an einem Schleier aus zartesten Silberfäden. Zuweilen ließ es die Arbeit ruhen und schaute hinab in den jähen Abgrund zu seinen Füßen und hinaus ins Land, das sich weithin vor ihm ausbreitete.

Da geschah es, daß die Hunnen in unsere Heimat einbrachen. Mit ihren schnellen Pferden ritten sie alles nieder, was sich ihnen in den Weg stellte, raubten und mordeten, und allnächtlich war der Himmel rot vom Widerschein der brennenden Dörfer.

Voller Angst flohen die Menschen in die Wälder, verbargen sich im Dickicht, in Schluchten und Höhlen. Aber die raubgierigen Krieger folgten ihnen. So kam es, daß eines Tages ein Hunne über die einsame Höhe des Übersbergs ritt, und als er an den Waldrand kam, sah er drüben auf dem nahen Felsen die Jungfrau sitzen.

Sie schien ihm eine leichte Beute. Rasch stieg er vom Pferd und lief auf sie zu, um sie zu packen. Das Mädchen sprang entsetzt auf, als es den wilden Gesellen erblickte, und rannte davon, dem Abgrund zu. Behend hüpfte es von Klippe zu Klippe. Der Reiter stürzte ihm nach. Als er es aber zu erhaschen vermeinte, warf es sich todesmutig in die gähnende Tiefe. Sein weites Gewand breitete sich aus wie eine Nebelwolke, und unverletzt kam es unten an. Der Hunne glaubte, den kühnen Sprung auch wagen zu können und folgte ihm, blieb aber zerschmettert am Fuße der Bergwand liegen.

Auch später noch sah man des öfteren die Jungfrau auf ihrem Felsen sitzen, und man nannte ihn deshalb den »Mädchenfelsen«.

Der Käuferle auf der Bruck

In Eningen lebte einst ein Getreidehändler, der keinen guten Ruf hatte. Gab es eine reiche Ernte, so kaufte er auf, was er bekommen konnte, und bezahlte einen miserablen Preis. Kam dann ein Hungerjahr, dann hortete er seine Vorräte, bis er das Korn zu Wucherpreisen losschlagen konnte. So erwarb er sich ein riesiges Vermögen. Baten die Armen ihn um Hilfe, so lachte er höhnisch und wies ihnen die Tür.

Doch auch zu ihm kam der Tod. Aber seine Seele fand keine Ruhe.

Wanderte man des Nachts am Bach entlang durch den Wald zwischen Eningen und Glems, so konnte es sein, daß man an der Brücke einem Mann in altertümlicher Tracht begegnete, der ein Simrimaß unterm Arm und ein Meßholz in der Hand trug. Dort ging er um, der Kornwucherer, den die Leute den »Käuferle« nannten. Schritt man ruhig des Wegs, so tat einem der Geist nichts, sondern stand nur still da und starrte einem nach.

Eines Tages nun kam ein Bursche an jenen Ort, den packte der Übermut. Er schaute sich nach dem Käuferle um, und als der Geist verschwunden blieb, rief er laut:

»Käuferle, i be uf deiner Bruck,
wenn du ka'st, so mach mi zruck!«

Plötzlich stand der Geist vor ihm, schlug ihm den Hut vom Kopf und verdrosch ihn so sehr, daß er lange das Bett hüten mußte.

Die Alteburg

Auf einer Anhöhe zwischen Reutlingen, Gönningen und Gomaringen erhebt sich ein weithin sichtbarer Hügel, die Alteburg. Früher hieß man den Bergkegel auch das Käpfle. Auf seinem Gipfel hatten die Herren von Stöffeln ihre Burg.

Es war kein vornehmes Geschlecht, das hier hauste, eher Bauernadel, und die Ritter waren sich nicht zu schade, selbst den Pflug über ihr Land zu führen, ihr Korn anzubauen und heimzufahren in ihre Scheunen. In ihrem Besitz aber soll sich ein Schwert befunden haben, ein großes und schweres zweischneidiges Ungetüm, dem man besondere Zauberkraft zuschrieb: Wer es im Kampf führte, besiegte damit jeden Feind. Es wurde nicht satt vom Blute der Erschlagenen und hörte nicht auf zu stechen und zu schlagen, bis alle Gegner vernichtet waren. Wer mit ihm tötete, durfte deswegen nicht angeklagt werden, und jeder Mord konnte ungestraft bleiben.

So kam es, daß jedermann sich vor den Herren von Stöffeln fürchtete. Auch wenn sie meist friedlich ihrer Arbeit nachgingen, so waren sie doch zuweilen arge Räuber und Mörder, die manchen Kaufmannszug heimtückisch überfielen und plünderten. Die Fuhrleute wurden niedergemacht oder in das finstere Burgverlies geworfen. Die geraubten Güter und Schätze aber füllten die Kammern und Säle des Schlosses.

War den Herren ein besonders glücklicher Fang gelungen, so meinten sie, Gott danken zu müssen, zogen ihre langen roten Mäntel an und stiegen hinab zur Kirche nach Gomaringen. Dort legten sie einen Teil ihrer Beute als Opfer auf dem Altar nieder.

Aber Gott bot schließlich ihrem bösen Treiben Einhalt. Als das Maß voll war, zogen die Reutlinger mit einem Heer vor die kleine Burg, erstiegen die Mauern trotz heftiger Gegenwehr und brannten das Räubernest nieder. Was aus den Rittern wurde, weiß niemand zu sagen. Ein Bauer soll vor mehr als hundert Jahren Menschenknochen, Helme und Waffen gefunden haben, als er einen Fahrweg aufgrub. Auch suchte man unter den Trümmern der Burg nach den verschütteten Schätzen der Raubritter, brachte aber nichts zutage als wertlose Scherben und zerbrochene Ziegelsteine.

Die Wunderblume

Als einst eine Frau aus Gönningen auf dem Stöffelberg nach Pilzen suchte, fand sie im dunklen Tann eine wunderschöne Blume. Ihre Blüten glichen kleinen Sternen und waren rot wie Blut. Die Frau brach eine davon ab und steckte sie sich an die Brust. Sie stieg weiter den Berg hinauf, da stand sie plötzlich vor einer Felswand, die sie nie gesehen, und als sie sich umschaute, entdeckte sie eine Tür, die sich vor ihr auftat.

Sie trat näher und blickte beklommen in das Dunkel des Berges. Als sich ihre Augen an die Finsternis gewöhnt hatten, bemerkte sie drei Fräulein, die, in lange weiße Gewänder gehüllt, ganz still im Hintergrund der Höhle saßen, die bleichen Gesichter bittend ihr zugewandt. Schon wollte sie nach ihrem Begehr fragen, da entdeckte sie beim Eingang einen Pudel, ein riesiges schwarzes Ungeheuer. Sie erschrak zutiefst, schwieg und ging schnell davon.

Zu Hause bereute die Frau ihr Tun. Sie hätte die Fräulein erlösen und vielleicht einen Schatz gewinnen können. Noch oft ging sie hinauf zum Stöffelberg, aber weder die Blume noch die Höhle konnte sie wiederfinden.

Die Sagen vom Ursulaberg

Wenn man vom Georgenberg zum Ursulaberg hinüberschaut, so gleicht dessen langgestreckter Höhenrücken der Gestalt einer schlafenden Frau. Mag es die eigenartige Bergform gewesen sein oder manch sonderbare Begebenheit, die sich in jener Gegend zutrug, die Leute erzählen sich heute noch vielerlei Sagen von einer geheimnisvollen Frau, der verwunschenen Urschel, die mit ihren Gespielinnen seit langer Zeit im Innern des Berges hausen soll.

Die Nachtfräulein vom Ursulaberg

Auf dem Hörnle, einem Hügel am Fuße des Berges, findet man eine tiefe Grube, das »Nachtfräuleinsloch«. Die Höhle soll der Eingang zu einem prächtigen Schloß im Berge sein, das einst auf seiner Höhe stand, durch einen bösen Fluch aber mit all seinen Bewohnern und Schätzen eines Tages in die Tiefe sank. In ihm wohnt die Urschel mit ihren Nachtfräulein, und wer früher an dem Ort vorbeikam, durfte nicht versäumen, einen Stein in das Loch zu werfen und zu sagen: »Wir wollen den Nachtfräulein ein Opfer bringen«. Dann konnte er getrost seines Weges ziehen. Vergaß er aber das Opfer, dann legten die Fräulein ihm Steine in den Weg, daß er darüberfiel, oder spielten ihm sonst einen üblen Streich. Wenn einmal die Grube ganz von Opfersteinen ausgefüllt ist, so sagt man, sind die verwunschenen Fräulein erlöst.

Als eine Frau aus Reutlingen einst des Nachts an dem Ort vorbeikam, sah sie plötzlich ein wunderschönes Schloß vor sich. Das Tor stand weit offen, und die Säle waren festlich beleuchtet. Sie trat neugierig näher und bemerkte prächtig gekleidete Damen und Herren, die sie freundlich zu Tische luden. Sie durfte von den köstlichen Speisen essen, soviel sie wollte. Als sie sich schließlich verabschiedet hatte und nach Pfullingen hinunterkam, fragte sie dort, wem denn das Schloß da oben am Berge gehöre, wo sie zu Gast gewesen. Aber die Leute schauten sie nur verwundert an und konnten ihr keine Auskunft geben.

Ein andermal stieg ein Mann aus Pfullingen, der von der Begebenheit gehört hatte, des Nachts hinauf auf den Berg. Er fand auch bald das Schloß und zog an der Glocke neben dem Eingang. Das Tor öffnete sich, und hervor trat ein Fräulein, das war ganz weiß gekleidet und wunderschön. Es fragte ihn freundlich nach seinem Begehr. Er sagte in seiner Verlegenheit, er hätte sich verirrt. Da ging das Fräulein in das Schloß zurück, holte eine Laterne und führte ihn wieder nach Pfullingen hinab. Unterwegs verlor der Mann allmählich seine Scheu und fragte es mancherlei. Das Mädchen aber schwieg traurig und ging nur immer vor ihm her, bis sie vor seinem Haus standen. Dann sagte es: »Da geht's hinein!« wandte sich um und stieg den Berg wieder hinauf.

Zuweilen kamen die Fräulein auch nach Pfullingen und Reutlingen in die »Karz« zum Spinnen. Sie arbeiteten des Nachts von sieben bis elf Uhr, redeten dabei aber nicht ein einziges Wort. War ihre Zeit um, so entfernten sie sich stillschweigend, ließen aber immer ein paar Geldstücke zurück für die Kerzen, die sie gebraucht hatten. Blickte man ihnen nach, dann sah man noch lange den Schein ihrer Laternen den Berg hinaufwandern, bis er in der Nähe des »Nachtfräuleinsloches« verschwand.

Nur wenn es sittsam zuging, kamen die Geistlein längere Zeit in dasselbe Haus. Versuchte man sie anzusprechen, gab es in der Spinnstube Streit und Zank oder begann einer der Burschen zu fluchen, so blieben sie aus, und mit dem Segen war's vorbei. Auch waren sie traurig, wenn man ihnen einen Streich spielte, den Faden heimlich zerschnitt oder das Garn versteckte. Ein übermütiger Bursche soll einmal die Uhr um eine Stunde zurückgestellt haben, und als die Fräulein aufbrachen, schlug es vom Turm der Martinskirche schon Mitternacht. Da erschraken sie zutiefst und mieden künftig den Ort.

Auch nach Eningen kamen die Nachtfräulein eine Zeitlang zum Spinnen. Sie waren von kleiner, zierlicher Gestalt und trugen glänzendweiße Kleider, die bis zum Boden reichten. Der Hausfrau fiel auf, daß die Mädchen ängstlich darauf bedacht waren, ihre Füße zu verbergen. Das ließ ihr keine Ruhe, und eines Abends streute sie Asche auf die Treppe, ehe die Gäste aufbrachen. Nachher sah man auf den Stufen Spuren wie von Entenfüßen. Aber von da an blieben die Fräulein fern.

Nach Reutlingen sollen die Geistlein durch einen langen unterirdischen Gang gekommen sein, der mitten auf dem Marktplatz endete. Dort stiegen sie aus der Erde hervor, ohne daß man die geringste Spur am Boden wahrnehmen konnte. Als sie einmal bei einem armen Mann zu Gast waren, klagte jener seinem Weib, das Korn sei ausgegangen und die Erntezeit noch weit. Da versprach eines der Fräulein, ihm welches zu leihen, wenn er es nach der Ernte zurückgäbe; nur dürfte das Korn nicht am Sonntag gedroschen sein.

Anderntags standen zwei Säcke voll herrlichster Frucht an der Treppe, und niemand wußte, wie sie hergekommen waren. Als die Ernte kam, füllte der Mann die nämlichen Säcke mit Korn und stellte sie an den gleichen Platz, dort aber blieben sie Tage und Wochen unberührt stehen. Schließlich erschien das Fräulein und sagte traurig, die Frucht sei am Sonntag gedroschen worden. Es könne jetzt nie mehr zu den Menschen kommen, weil man es betrogen habe.

Der Mann konnte sein Korn behalten; aber fortan verdarb ihm alles unter den Händen.

Bei der Hebamme in Pfullingen klopfte des Nachts einmal ein wunderliches kleines Männlein an der Tür und bat sie flehentlich, mit ihm in den Ursulaberg zu kommen. Der Frau war die Sache nicht geheuer, und sie lief hinüber zum Pfarrer, um den um Rat zu fragen. Das Männlein aber ging mit und erzählte, seine Frau könne ihr Kind nur zur Welt bringen, wenn ein Mensch ihr dabei

helfe. Da gab der Pfarrer seine Zustimmung.

Die Hebamme fuhr in einem Wagen, der von zwei schwarzen Rappen gezogen wurde, so schnell den Hang hinauf, als ob sie fliegen würde. Oben wurden ihr die Augen verbunden, und das Männlein führte sie durch eine geheime Tür in den Berg. Dann nahm man ihr die Binde wieder ab und brachte sie zu der Frau, der sie half, ihr Kindlein zu gebären.

Als sie ihre Arbeit getan und danach eine köstliche Mahlzeit vorgesetzt bekommen hatte, sagte das Männlein: »Geld habe ich keins, aber dein Lohn soll dir trotzdem werden«. Darauf gab es ihr eine Schachtel, gebot ihr jedoch, sie nicht zu öffnen, ehe sie zu Hause sei.

Die Frau konnte ihre Neugier nicht zügeln, und als sie allein war, machte sie die Schachtel auf und sah beim Schein ihrer Laterne drei Strohhalme drin liegen. »Da habe ich einen schönen Lohn bekommen«, dachte sie ärgerlich und schloß die Schachtel wieder, ohne zu bemerken, daß einer der Halme zu Boden fiel.

Anderntags wollte sie ihrem Mann zeigen, was sie verdient hatte. Als sie die Schachtel aufhob, war diese viel schwerer als in der Nacht, und als sie den Deckel abnahm, lagen zwei Stangen schweren Goldes darin.

Lange noch suchte sie nach dem dritten Strohhalm, aber sie fand ihn nicht mehr.

Die mißlungene Erlösung

Vor mehr als hundert Jahren lebte in Pfullingen ein junger Bursche, der hieß Frieder und war hübsch von Gestalt, dabei still und ein wenig sonderlich, so ganz anders als seine Gesellen. Den Mädchen gefiel er recht gut, ihn aber kümmerte das wenig. Schließlich meinte seine Mutter, Nachbars Liese wäre die Richtige für ihn. Die war nun nicht gerade schön und eigentlich recht langweilig, aber nicht ohne Vermögen. Dem Frieder war's recht so, und die beiden hätten wahrscheinlich bis an ihr seliges Ende friedlich miteinander gehaust, wenn dem Burschen nicht etwas Sonderbares zugestoßen wäre.

Als er eines Abends Holz fällte droben auf dem Ursulaberg, da trat plötzlich ein Fräulein zu ihm von solch sonderbarer Schönheit, daß der Frieder ganz verlegen wurde. Es war klein und zierlich, trug ein glänzend weißes Kleid mit einem goldenen Gürtel, an dem ein großer Schlüsselbund hing, und sah ganz anders aus als seine Liese oder die anderen Mädchen im Ort.

»Fürchte dich nicht«, sprach es mit feiner Stimme, »komm mit mir in mein Schloß!« Der Frieder faßte sich ein Herz und folgte dem Mädchen, das ihn zum Nachtfräuleinsloch führte und durch einen langen Schacht immer tiefer hinein in den Berg. Und auf einmal standen sie in einem prächtigen Saal mit goldenen Wänden und Leuchtern aus glänzenden Kristallen. Die Tafel war voll köstlicher Speisen, und der Frieder besann sich nicht lange, aß und trank und ließ sich's schmecken. Aber immer mußte er das schöne Fräulein anschauen, das sich neben ihn setzte und zu erzählen begann.

»Denk nichts Böses von mir«, sagte es, »ich bin die Urschel, und die Leute haben dem Berg meinen Namen gegeben. Seit vielen, vielen Jahren hause ich hier und warte auf meine Erlösung. Denn wisse: Einst wohnte ich in einem prächtigen Schloß droben auf der Höhe, bis meine böse Schwester mich verwünschte und mit all meinem Gesinde in den Berg verbannte. In dem Augenblick aber, als alles in die Tiefe sank, fand ich gerade noch Zeit, eine Eichel in den Boden zu treten und den Segen darüber zu sprechen. Aus der Frucht ist nun ein Baum geworden, und als er groß und mächtig war, erlaubte ich deinem Vater, ihn zu fällen und aus seinem Holz eine Wiege zu fertigen. Du, Frieder, wurdest einst darin gewiegt, und darum kannst allein du mich erlösen.«

Der Frieder versprach, alles zu tun, was in seiner Macht stünde. Das Fräulein aber schwieg eine Weile und sagte schließlich mit großem Ernst: »Nur wenn du mutig bist und mich von Herzen lieb hast, wird dir das Werk gelingen. Dreimal mußt du zu mir in den Berg kommen, um mich zu küssen, und jedesmal erscheine ich dir in schrecklicherer Gestalt. Es wird dir aber kein Leid geschehen, und gleich nach jedem Kusse werde ich mein menschliches Wesen wieder annehmen.«

Der Bursche meinte, ihn könne nichts erschrecken, aber als das Fräulein von ihm Abschied nahm, blickte es ihm nochmals tief in die Augen, legte die Hand auf sein Haupt und sprach traurig: »Es ist nicht meine Schuld, und am liebsten hätte ich es dir verschwiegen, aber ich muß es dir sagen: Weil du mich gesehen hast, mußt du sterben übers Jahr, ob du mich erlöst hast oder nicht. Nütze drum die Zeit, mir zu helfen.«

Das Fräulein bat ihn so bewegt, daß er es ihm mit Tränen in den Augen versprach, ihm aber gings doch ans Herz, und als er heimkam, war er noch stiller als sonst, blieb oft allein in seiner Kammer und mied noch mehr als bisher die Gesellschaft der andern Burschen.

Die freilich wunderten sich, wenn sie ihn beim Holzfällen beobachteten, wie bei ihm jeder Hieb saß, wenn sie sahen, wie er mit Leichtigkeit die schwersten Stämme auf den Wagen lud und diesen mühelos den steilen Berg hinabbrachte, wo andere mit aller Kraft sperren mußten. Und sie schüttelten die Köpfe, wenn der Frieder redete, als ob jemand bei ihm ginge, und sein Arm in der Luft lag, als ob er um einen Hals geschlungen wäre. Schließlich machte der Bursche kein Geheimnis mehr von seiner sonderbaren Liebschaft, und der Lies war's eher zum

Weinen als zum Gähnen, wie ihr die Sache hinterbracht wurde.

Auch die Mutter machte sich große Sorgen um ihren Buben, denn als er zwei Küsse gewagt hatte und ihm jedesmal der Geist in furchtbarer Gestalt erschienen war, kam er ganz verstört vom Berg zurück und erzählte ihr alles.

Als nun die Zeit nahte, wo er zum dritten Mal zu dem Fräulein gehen sollte, liefen die beiden Weiber zum Pfarrer. Der ließ den Frieder kommen und vermahnte und beschwor ihn, von der Sache zu lassen, es sei Teufelswerk. Der Bursche zeigte sich lange verstockt, aber als alle auf ihn einredeten, gab er schließlich nach und versprach mit einem heiligen Eid, das Fräulein künftig zu meiden.

Was er gelobt, bereute er im nächsten Augenblick, und der Kummer machte ihm das Herze schwer. Fortan blieb er in seiner Kammer am Fenster sitzen und schaute hinauf zum Ursulaberg, und wenn die Nebelschleier über den Bergwald hinzogen, glaubte er, es sei sein Schatz, der ihm winke und dem er untreu geworden.

Am Abend des Tages, an dem der Frieder zum dritten Mal das Fräulein hätte besuchen sollen, fand man ihn tot in seiner Stube, und alle Not hatte ein Ende. Als man ihn begrub, ereignete sich etwas Wunderliches: Wie man den Sarg in die Grube hinabließ, flog etwas Weißes, eine Taube oder ein anderer großer Vogel, auf die Kirchhofmauer und flatterte und klagte zum Erbarmen, und erst als die Schollen auf den Sarg fielen, wurde es still.

Der Greifensteiner

Oberhalb des Dorfes Unterhausen findet man nahe am Albrand im Wald Gräben und Mauern, die Spuren einer Befestigungsanlage. Hier stand einst der Greifenstein, eine kleine Burg, und von ihrem letzten Herrn weiß die Sage folgendes zu berichten:

Die Bauern fürchteten den Ritter, denn er war ein harter und böser Mensch, der seine Freude daran hatte, sie zu schinden und zu quälen. Besonders die Leute des nahen Dorfes Holzelfingen litten unter seinen Launen. Nicht genug, daß sie ihm Frondienste leisten mußten, wie es das Herkommen gebot, daß sie seine Felder bebauen, ihm Wasser auf die Burg fahren und das Wild bei der Jagd zusammentreiben mußten; wenn es einmal keine Arbeit gab, machte er sich ein Vergnügen daraus, sie mit unnützen Dingen zu beschäftigen. Dann gab er ihnen etwa auf, die Schneckenhäuschen auf seinen Feldern zusammenzulesen und wieder auszustreuen oder die Frösche im Burggraben zum Schweigen zu bringen. Und wenn gar einer bat, ihn von der Arbeit zu entlassen, weil ein Wetter drohte und die Ernte eingebracht werden sollte, so prasselten Flüche auf ihn nieder oder er bekam gar die Peitsche zu spüren.

Die meisten Bauern waren arm, aber unbarmherzig erhob der Ritter die Abgaben von ihnen und verlangte mehr, als sie ihm schuldeten. Und wurden sie säumig, so ließ er sie in den finsteren Turm werfen. Als einmal einer alten Frau der Mann starb, der lange krank gelegen, da holten des Greifensteiners Knechte ihr die einzige Kuh aus dem Stall. Und als das Weiblein ihn anflehte, ihr doch das Letzte zu lassen, was sie besaß, da lachte der Greifensteiner höhnisch und sagte: »Ich habe mir nur das Erbe geholt, das mir zusteht.« Die Frau aber mußte mit ihren Kindern betteln gehen.

Wen wundert's, daß die Bauern den Ritter haßten und ihm den Tod wünschten. Er aber kümmerte sich nicht darum, saß nächtelang mit seinen Gesellen bei Wein und Würfelspiel und verlor, was er auf unrechte Weise erworben. Da meinte er, das Glück zwingen zu müssen, spielte mit immer größeren Einsätzen und machte so hohe Schulden, daß er einen Acker und ein Stück Wald nach dem andern verpfänden oder verkaufen mußte, bis ihm von seinem großen Besitz nur noch die Burgen Greifenstein, Stahleck und Burgstein blieben, und die waren so alt und baufällig, daß sie niemand haben wollte.

Da gedachte er, das Geld dort zu holen, wo es zu finden war, ging auf Raub aus und plünderte mit seinen Gesellen manchen

Kaufmannszug, der durchs Echaztal kam. Die Händler aber nahm er gefangen und führte sie mit auf seine Burg; und erst wenn er von ihren Angehörigen ein reiches Lösegeld erpreßt hatte, ließ er sie wieder frei.

Das erbitterte vor allem die Reutlinger, denn sie trieben damals schon viel Handel, und ihre Frachtfuhrwerke nahmen oft den Weg durch das Echaztal hinauf auf die Alb und weiter zur Donau und nach Ulm. Sie hätten dem Greifensteiner sicher bald das Handwerk gelegt, doch der hatte im Grafen von Württemberg einen mächtigen Verbündeten.

Eines Tages aber kam es zum Streit zwischen dem Württemberger und Kaiser Heinrich, und der gebot seiner Reichsstadt, dem widerspenstigen Grafen Land und Besitz zu nehmen. Nun konnten sich die Reutlinger rächen für all' das Böse, das ihnen der Greifensteiner angetan. Sogleich rüsteten sie ein Heer, rückten in der Stille der Nacht vor die Burgen Stahleck und Greifenstein, erstiegen die Mauern und setzten die Raubnester in Brand. Der Ritter jedoch hatte sich noch rechtzeitig in den Burgstein bei Holzelfingen zurückziehen können. Aber auch diese Burg konnte dem Ansturm der Städter nicht lange standhalten. Die Besatzung wurde niedergemacht, der Bau in Schutt und Asche gelegt.

Nach dem Greifensteiner selbst aber suchte man vergeblich. Der hatte sich heimlich durch einen unterirdischen Gang davongemacht und im Walde verborgen. Als er sah, daß die Reutlinger abgezogen waren, wagte er sich aus seinem Versteck, denn Hunger und Durst plagten ihn sehr. Bei seinen Bauern gedachte er zu holen, was er brauchte, und er stieg hinab nach Holzelfingen. Als er ins Dorf kam, forderte er von den Leuten Speise und Trank, wie er es gewohnt war. Aber da kam er schön an! Nun hatten sie keine Furcht mehr vor ihrem Unterdrücker. Haßerfüllt packten sie den sich verzweifelt Wehrenden, rissen ihn zu Boden und hätten ihn wohl auf der Stelle totgeschlagen, wenn nicht ein altes Bäuerlein Einhalt geboten und gesagt hätte: »Ein rascher Tod wäre zu gut für diesen Bösewicht. Wir wollen ihn quälen und peinigen, wie er uns geplagt hat.«

Und es hieß die Bauern ein großes Faß holen, da hinein steckten sie den Greifensteiner, setzten den Deckel auf und schlugen lange, spitze Nägel durch die Wände. Dann wälzten sie das Faß mit dem vor Schmerz Heulenden durch das Dorf und hinauf zum Burgstein. Dort, wo noch die Trümmer der Burg qualmten, stießen sie es über den Felsen hinab in die grausige Tiefe, wo es in tausend Stücke zerbarst.

Einige Zeit später kehrte der jüngere Bruder des Toten in die Heimat zurück. Er war lange Zeit in der Fremde gewesen und hatte im Gefolge eines vornehmen Grafen auch eine Pilgerfahrt ins Heilige Land unternommen. Als er nun statt der Burgen nur noch Trümmer fand und vom schlimmen Treiben und schrecklichen Ende seines Bruders hörte, sann er nicht auf Rache, sondern gedachte, die Missetaten des Älteren zu sühnen. Er stieg hinab ins Dorf Unterhausen, das ihm als Erbteil zugefallen war, und legte Waffen und Rüstung und alles, was er an Wert bei sich hatte, auf dem Altar der Kirche nieder. Dann suchte er sich weitab von den Menschen, dort wo der Stahleckerbach den Bergwald verläßt, einen stillen Ort, baute sich am Wasser eine einfache Hütte und legte einen Garten an, von dessen Ertrag er lebte. Die Leute verehrten den Einsiedler als Heiligen, und wenn sie Rat und Hilfe brauchten, zogen sie hinaus zur Zelle des frommen Bruders im Stahlecker Tal.

Viele Jahre lebte er noch in der stillen Einsamkeit. Als er schließlich sein Ende nahen fühlte, verkaufte er, was vom Besitz übriggeblieben, und verteilte den Erlös an die Armen, an Kirchen und Klöster.

Nach seinem Tod zerfiel die Hütte, und der Garten, den er bebaut hatte, wurde bald wieder zur Wildnis. Aber die Menschen erzählten noch lange von dem frommen Mann und nannten den oberen Teil des Wiesentals das »Zellertal« und den Ort, wo sein Garten war, das »Brudersgärtlein«.

Sagen aus dem
Schönbuch
J. BURZIK
WEILHEIM

Der Ranzenpuffer

Auf dem Hofgut Einsiedel bei Tübingen lebte einst ein Jäger, der war ein recht übler Gesell, fragte nicht nach Gott und Menschen, quälte und plagte die Leute und freute sich, wenn sie sich vor ihm fürchteten. Auch trieb er Zauberei und muß deshalb seit vielen hundert Jahren als Geist umgehen.

Er erscheint in mancherlei Gestalt im Schönbuch, seinem ehemaligen Forstrevier, meist als Jäger in einem grünen Rock, die Flinte über der Schulter. Und wie er die Menschen zu Lebzeiten ängstigte, so hält er's jetzt noch. Leise schleicht er sich an Holzsammlerinnen heran und brüllt ihnen plötzlich ins Ohr: »Was, was ist's?!«, daß sie auffahren und übel erschrecken. Manchmal pufft er sie herum, daß ihnen wind und wehe wird. So kam er auch zu seinem Namen. Dann wiederum nähert er sich ihnen recht friedlich und hilft ihnen beim Holzsammeln. Wenn sie aber ihr Holzbündel auf den Rücken nehmen, hockt er sich drauf, daß sie meinen sollen, es sei recht viel. Und wenn sie ihr Holz heimbringen, so hat sich's unterwegs in lauter Dornengestrüpp verwandelt.

Um die Leute zu erschrecken, nimmt der Ranzenpuffer oft auch Tiergestalt an, erscheint als Hund, als Hase, als Hirsch oder Reh, als Fuchs oder Schwein, Ochse oder Kalb. Dann gebärdet er sich recht wild, schreit und brüllt und geht auf die Menschen los. Manche haben schon auf ihn geschossen, aber nie getroffen. Ein Mann fand einst im Wald ein herrenloses Kalb. Er brachte es in seinen Stall. Als er anderntags nach dem Tier schaute, stand statt dessen der Ranzenpuffer als Jäger vor ihm und lachte über das verdutzte Gesicht des Bauern.

Auch die Förster neckt er gerne. Er klopft bald hier, bald dort gegen die Stämme, daß jeder meint, Holzdiebe seien im Wald. Man hörte auch schon jämmerliches Geschrei, als ob einer vom Baum gefallen wäre oder sich beim Holzfällen verletzt hätte. Als die Leute hinzuliefen, um zu helfen, fanden sie niemanden, der Ranzenpuffer aber erhob sein Geschrei schon wieder an ganz anderer Stelle.

Manchmal kam der Ranzenpuffer auch auf einem Schimmel dahergeritten, rauschte mit Hollageschrei und Hundegebell wie der Blitz durch den Wald, und traf er Leute, so sprengte er auf sie los, daß sie vor Angst davonliefen und sich im Gebüsch versteckten.

Das Rufen und Brüllen schien ihm großen Spaß zu machen, und manchmal schrie er den Leuten so laut ins Ohr, daß sie für Wochen das Gehör verloren. Ein Strohschneider vom

Einsiedel, der die Kusterdinger Steige hinunterging, hörte ihn einmal in der Ferne brüllen und sagte: »Ach, halt's Maul! So schreien kann ich auch!« Da bekam er ein paar so fürchterliche Ohrfeigen, daß er in den Graben stürzte und den Mund voll Dreck hatte.

In Lustnau brach einmal eine schlimme Viehseuche aus. Um die gesunden Tiere zu retten, trieb man alles Vieh, das die Spur der Krankheit zeigte, zum Dorf hinaus in den Wald, um es dort totzuschlagen und zu verscharren. Unter diesen Tieren war auch ein so schönes Kalb, daß die Leute sagten: »Es wäre schade, das prächtige Stück in der Erde zu vergraben. Wir wollen es schlachten und das Fleisch mit nach Hause nehmen.« Wie aber einer das Messer hob, um das Tier abzustechen, hörte man eine Stimme aus dem

Wald rufen: »Halt, halt!« Doch die Bauern ließen sich nicht beirren, töteten das Kalb und wollten das Fleisch heimtragen.

Unterwegs aber kamen sie in die Nacht hinein. Sie hatten wohl eine Laterne dabei, doch das Licht erlosch immer wieder, so daß sie im Dunkeln herumtappen und den Weg suchen mußten. Plötzlich tauchte ein großer schwarzer Hund vor ihnen auf und umkreiste sie mit wütendem Gebell. Als er endlich verschwand, erhob sich ein so gewaltiger Sturm, daß die stärksten Äste brachen. Die Männer gingen trotzdem ihres Wegs und stiegen den Berg hinunter nach Lustnau. Auf einmal aber stand Ranzenpuffer selbst vor ihnen und wollte ihnen das Fleisch wegnehmen. Aber die Bauern gaben es nicht her, auch wenn ihnen himmelangst war. Da schlug Ranzenpuffer nach dem ersten, daß er zu Boden stürzte. Der nächste aber sprach: »Auf, auf, ihr Brüder, seid stark! Alle bösen Geister weichen von uns!« Plötzlich war der ganze Spuk verschwunden, und die Bauern konnten unbehelligt das letzte Stück Weg zurücklegen.

Der Mann, der den Schlag bekommen hatte, lag acht Tage lang so krank im Bett, daß man fürchtete, er müsse sterben. Die andern aber, die von dem Fleisch aßen, wurden alle davon stark und kräftig.

Die weißen Fräulein in Walddorf

Wenn in Walddorf zwischen Tübingen und Nürtingen an den Winterabenden die Mädchen zum Lichtkarz zusammenkamen, waren oft auch zwei kleine weißgekleidete Fräulein zu Gast. Sie traten still in die Stube, setzten sich ins Dunkel hinter den Ofen und schwiegen den ganzen Abend. Die Arbeit ging ihnen gut von der Hand, und sie spannen mit den Mädchen um die Wette. Schlug es aber zehn Uhr, so verließen sie wortlos die Lichtstube. Die Leute rätselten, woher die seltsamen Besucherinnen wohl stammen würden, und manche glaubten, sie gehörten zu den dienstbaren Geistlein, die im Heuchelberg wohnen und die man Erdweible nennt. Dort kommen sie in die Wohnungen der Menschen und helfen ihnen, und man erzählt, sie würden besonders gerne Brot backen.

Als es Frühjahr wurde und der Lichtkarz bald beendet werden sollte, hörte man eines Abends vor der Tür des Hauses eine Stimme, die rief: »O weh, o weh, der Heuchelberg brennt!« Da sprangen die Fräulein auf, und eines antwortete voller Angst: »O weh, o weh, meine armen Kinder!«

Wie der Wind verschwanden daraufhin die weißen Fräulein und ließen sich seitdem nie wieder blicken.

Graf Eberhards Weißdorn

Graf Eberhard V. von Württemberg, den man auch »Eberhard im Bart« nannte, machte einst eine Pilgerfahrt ins Heilige Land. Von dort brachte er das Reislein einer Weißdornhecke mit, das die weite Reise merkwürdigerweise gut überstand. Als der Graf nach seiner Heimkehr das Kloster Einsiedel im Schönbuch gründete, pflanzte er den Weißdorn im Klostergärtlein in die Erde, und siehe da, der Zweig schlug Wurzeln, grünte und blühte! Nach vielen Jahren war aus der kleinen Pflanze ein großer Baum geworden, in dessen kühlem Schatten sich der alte Graf gern ausruhte, seiner Fahrten und Fehden gedachte und sich an jenes Stück heiliger Erde erinnerte, vom dem der Sproß stammte.

Später starb der Baum ab. Aber aus seinem Samen zog man einen neuen Weißdorn, und dieser steht heute noch im Klostergärtchen zu Einsiedel, um an den edlen Grafen zu erinnern.

Der ewige Jäger

Bei der Jagd im Schönbuch traf Graf Eberhard von Württemberg einst auf einen riesigen Hirsch. Er ließ sein Gefolge hinter sich und folgte tagelang der Fährte des flüchtigen Wildes, ohne es erlegen zu können.

Eines Abends rastete er erschöpft mitten im Wald und machte Feuer, um sich zu wärmen. Plötzlich rauschte es im Gebüsch, und ein Jäger von recht wunderlichem Aussehen trat aus dem Dickicht. Sein Antlitz war von tiefen Runzeln zerfurcht, sein Haar zerzaust und eisgrau, und die Kleider hingen ihm in Fetzen am Leib.

»Laßt ab von der Jagd und kehrt um!« sprach er zu dem Grafen, und als jener nach dem Grund fragte, begann der Jäger zu erzählen:

»Ich war einst Herr über die Schönbuchwälder, und nichts gefiel mir mehr als die Jagd. Verfolgte ich ein Wild, so vergaß ich alles andere und fand keine Ruhe, bis ich es erlegt hatte. Einmal packte mich die Jagdlust so sehr, daß ich ausrief: ›Wenn unser Herrgott mit sich handeln ließe, so wollt' ich für mein Teil auf alles, sogar auf die ewige Seligkeit, verzichten, wenn er mich nur immer jagen ließe!‹

Was ich wünschte, ging in Erfüllung, und seit fünfhundert Jahren verfolge ich nun in jeder Nacht vom Dunkelwerden bis zum Frühlicht einen Hirsch und kann ihn doch nicht erlegen.«

Er blickte den Grafen traurig an und verschwand, wie er gekommen. Diesen aber faßte ein Schauder. Er ließ ab von der Fährte und kehrte zu seinem Jagdgefolge zurück.

Der Schimmelreiter

Im Goldersbachtal zwischen Bebenhausen und Lustnau soll es früher nicht geheuer gewesen sein, denn dort konnte man des Nachts dem Schimmelreiter begegnen, einem Mann, der am Bach entlanggeritten kam und den Kopf unter dem Arm trug. Das Fell seines Pferdes war schneeweiß und mit roten Flecken getupft.

Manche sahen ihn auch schon am hellen Tag, und dann jagte er wie der Sturmwind durch das Tal. Meist zeigte er sich aber des Abends, gleich nach der Betglocke. Dann trieb er sein Pferd durch das Bachwasser, und weil man ihn schon von weitem hörte, rafften die Kinder, die sich beim Baden verspätet hatten, schnell ihr Zeug zusammen und liefen nach Hause.

Im Übermut beschlossen eines Abends ein paar Lustnauer Mädchen, die noch in der Spinnstube zusammensaßen, dem Schimmelreiter einen Besuch abzustatten. Sie gingen hinunter zum Goldersbach und sahen auch wirklich den Schimmelreiter im fahlen Licht des Mondes am Ufer entlangtraben. Da rief eine Beherzte:

»Schäuble, Schäuble,
mach de leicht,
daß du bald
bei mir seist!«

Und wie sie dies gesagt hatte, kam der Schimmelreiter auf sie zugeritten. Die Mädchen aber erschraken und rannten davon, so schnell sie konnten. Doch der Schimmelreiter verfolgte sie, und als er erkannte, daß alle Türen der Häuser verschlossen und verriegelt waren, ritt er auf der Gasse hin und her. Schließlich wagte es ein Mann, aus dem Fenster zu schauen und zu rufen: »Alle guten Geister loben Gott, den Herrn!« Da hielt der Reiter inne, sagte: »Und du auch!« und ritt still davon.

Ein Bursche fand einmal den Schimmel ohne seinen Herrn auf einer Wiese bei Bebenhausen. Er näherte sich vorsichtig dem Tier und schwang sich schließlich auf seinen Rücken. Das Pferd folgte zuerst willig dem Geheiß seines Reiters. Plötzlich aber bäumte es sich auf und raste durch das Tal, daß jenem Hören und Sehen verging. Endlich warf das wilde Tier seinen Reiter in den Graben, und der Bursche war heilfroh, so glimpflich davongekommen zu sein.

Auch im »Elsenwäldle« zwischen Tübingen und Wankheim wurde der Schimmelreiter schon gesehen. Dort ritt er gewöhnlich langsam und ruhig dahin, und zuweilen wagte es ein verwegener Bursche, sich zu ihm hinten aufs Pferd zu setzen. Das ging dann eine Weile gut. Auf einmal aber scheute der Schimmel und warf den Mitreiter jämmerlich zu Boden.

Als eines Abends ein Wankheimer von Tübingen her auf dem Heimweg war, sah er vor sich den Schimmelreiter. Weil der Mehlsack so sehr drückte, den der Mann auf den Schultern trug, bat er, ihn auf das Pferd legen zu dürfen. Der Schimmelreiter schwieg, und da der Wankheimer glaubte, jener sei einverstanden, lud er dem Pferd den Sack auf und ging neben ihm her.

Wie sie auf die Höhe kamen, waren plötzlich Reiter und Pferd verschwunden. Der Mann suchte verzweifelt nach seinem Mehlsack. Als er den Weg zurückging, fand er ihn an derselben Stelle, wo er ihn dem Schimmel aufgeladen hatte, am Boden liegen.

Herzog Ulrich und der Bauer von Hagelloch

Herzog Ulrich war einst im Schönbuch zwischen Bebenhausen und Hagelloch mit großem Gefolge auf der Jagd. Er hatte den ganzen Tag über den Wald durchstreift, als er gegen Abend plötzlich einem Hirsch begegnete, der war so riesig und hatte ein solch mächtiges Geweih, daß er zuerst glaubte, ein Gespenst vor sich zu haben. Er jagte dem flüchtigen Tier nach und trieb sein Pferd durch das dichte Unterholz, verlor aber bald in der hereinbrechenden Nacht die Fährte des Wildes.

Schließlich gab er die Verfolgung auf und sah sich nach seinen Jagdgesellen um, doch die waren zurückgeblieben und hatten ihren Herrn längst aus den Augen verloren. Als sie auf ihr Rufen und ihre Hornsignale keine Antwort erhielten, glaubten sie, Ulrich sei nach seinem Jagdschloß Bebenhausen geritten.

Der Herzog indessen irrte stundenlang durch den dichten Wald und wußte in der Finsternis nicht, wo er sich befand. Endlich sah er in der Ferne ein Licht, ritt darauf zu und kam zu einem Bauernhaus, das zu dem Dörflein Hagelloch gehörte. Er klopfte an die Tür, und der Bauer fragte, was es gebe. Ulrich erkundigte sich nach dem Namen des Dorfes und bat den Mann, ihn nach Bebenhausen zu führen, er wolle es ihm lohnen. Der Bauer glaubte, einen Reitknecht vor sich zu haben und brummte ärgerlich: »Nur gemach! Ihr Gesellen meint, wenn ihr ruft, müßt' man gleich springen. Meine Suppe steht auf dem Tisch. Wollt Ihr warten, bis ich gegessen habe, so will ich Euch den Weg weisen.« Der Herzog meinte, ihm wär's recht so und setzte sich derweil auf die Bank vor dem Haus.

Als der Bauer schließlich mit dem Nachtmahl fertig war, stand er vom Tisch auf, zog seinen Kittel an und holte seinen Wanderstock hinter dem Ofen hervor. Dann kam er zur Tür, und sein Weib brachte ihm die Laterne. Ulrich erhob sich und wollte sich zum Gehen wenden. Der Bauer aber musterte den Fremden argwöhnisch und kehrte danach ins Haus zurück, um statt des Steckens seinen Spieß mit auf den Weg zu nehmen. »Euch Gesellen ist nicht immer zu trauen«, sagte er, nahm des Herzogs Pferd am Zügel und führte es auf sicherem Steg durch den dunklen Tann.

Unterwegs fragte Ulrich den Bauern, was man sich denn so erzähle von den Jägern und Amtsleuten des Herzogs, und sein Begleiter gab freimütig Auskunft, lobte den und schimpfte über jenen, ganz wie's ihm ums Herze war.

Schließlich kamen die beiden auf eine Hö-

he, die »Meder« heißt. Von dort aus sahen sie den Schein vieler Fackeln und Laternen und hörten die Rufe des Jagdgefolges, das auf der Waldlichtung sein Lager aufgeschlagen hatte. Der Herzog wußte sogleich Bescheid, ließ sich jedoch vor dem Bauern nichts anmerken und gab sich genau so verwundert wie jener, der glaubte, einem Spuk zu begegnen. Der Hagellocher bekam es mit der Angst zu tun und wäre am liebsten davongerannt, wenn ihm der Herzog nicht Mut gemacht und versprochen hätte, ihn gegen alle bösen Geister zu beschützen. Als aber die tanzenden Lichter immer näher kamen und der Lärm immer lauter wurde, wollte der Bauer Reißaus nehmen, und nur die Drohung des Herzogs, er würde ihm eine Kugel durch den Kopf jagen, wenn jener die Zügel seines Pferdes losließe, hielt ihn zurück.

Endlich griff Ulrich nach seinem Jagdhorn und begann zu blasen, und voller Entsetzen nahm der Bauer wahr, daß ihm von allen Seiten geantwortet wurde. Nun glaubte er nichts anderes, als daß das Wilde Heer auf ihn zu käme und der Fremde der Anführer des Geistervolkes sei. Er meinte, sein letztes Stündlein habe geschlagen und begann vor Todesfurcht am ganzen Leib zu zittern.

Inzwischen aber waren die Hofleute herbeigelaufen, umringten den Herzog voller Freude und fragten nach seinem Verbleib. Der Bauer traute seinen Ohren nicht, als er hörte, daß sie seinen Weggefährten »Gnädiger Herzog« nannten und dachte voller Bangigkeit daran, wie er den Herrn vor seinem Haus hatte warten lassen und wie er zu ihm unterwegs gesprochen. Wieder wollte er eilends Reißaus nehmen, aber Ulrich redete ihm freundlich zu und verlangte, von ihm nach Bebenhausen geführt zu werden, wie er es versprochen hatte.

Dort durfte der Bauer neben dem Herzog an der Tafel sitzen, und Ulrich gebot seinen Edelleuten, ihn zu behandeln wie ihresgleichen. Die Diener bewirteten ihn mit den besten Speisen und den köstlichsten Getränken, und als er anderntags wieder heimziehen wollte, gab ihm der Herzog einen Beutel voller Gold als Botenlohn.

Alma mater Tubingensis
Tübinger Sagen
J. BURZIK ·85

Der Mann auf dem Rad

An der Ostseite der Stiftskirche in Tübingen befindet sich in einer runden Fensteröffnung das steinerne Bildnis eines auf das Rad geflochtenen Mannes. Es soll, so erzählt die Sage, an einen Justizirrtum erinnern, dessen Opfer unter grausamen Qualen den Tod erleiden mußte.

An einem Sommermorgen vor vielen hundert Jahren wurde beim Wankheimer Wald zwischen Reutlingen und Tübingen von Schnittern auf ihrem Weg zu den Feldern ein Toter gefunden, ein Handwerksgeselle, der offensichtlich erschlagen und beraubt worden war. Man brachte den Leichnam zum Tübinger Pfleghof, und es währte nicht lange, bis feststand, daß der Ermordete der Sohn des Metzgers Aigler von Tübingen war. Sieben Jahre hatte der Bursche in der Fremde geweilt, und nun war er kurz vor der Heimkehr grausam ums Leben gebracht worden. Jedermann verstand den Schmerz der Eltern, und an dem Leichenbegängnis nahmen viele der Bürger teil.

Zufällig weilte an jenem Tag auch der Schrannenwirt Sperber von Pfullingen in der Stadt. Er hörte von der Bluttat, besah sich den Toten und erkannte in ihm einen der Gäste, die einige Tage zuvor bei ihm eingekehrt waren. Er erinnerte sich auch, daß der Handwerksgesell nicht allein war, sondern in Begleitung eines anderen Burschen, und daß beide nach Reutlingen wollten.

Man fragte in der Reichsstadt an, ob Fremde in den letzten Tagen eingekehrt wären, und erfuhr, Hans Laiblin, der Sohn eines angesehenen Gerbermeisters, sei nach zehnjähriger Abwesenheit heimgekommen. Als man dann im Hause des Gerbers weiterforschte, fand man in der Stube ein fremdes Felleisen. Man öffnete es und entdeckte den Lehrbrief des Ermordeten neben einer größeren Summe Geldes.

Hans Laiblin erschrak zutiefst, als der Tübinger Stadtbote berichtete, was seinem Reisegesellen zugestoßen war, faßte sich aber bald und beteuerte, von dem Mord zuvor nichts gewußt zu haben. Das Felleisen, sagte er, habe er nur mitgenommen, weil jener zu müde gewesen sei, es selbst zu tragen.

Die Reutlinger glaubten seinen Worten, denn sie kannten Hans Laiblin und sein Elternhaus, und es schien ihnen unsinnig, daß einer aus solch wohlhabenden Verhältnissen eine so schreckliche Tat begehen könne. Die Tübinger indessen waren überzeugt, daß nur Laiblin der Mörder sein konnte, und sie verlangten seine Auslieferung, um ihn verhören und bestrafen zu können. Doch die Reichsstädter lehnten solcherlei Ansinnen entschieden ab. Sie waren von der Unschuld Laiblins überzeugt, und der Bursche genoß in Reutlingen einen so guten Ruf, daß er im Jahr darauf sogar das schönste und reichste Mädchen der Stadt zur Frau gewann.

Dies wiederum mißfiel Jakob Frenz, einem Reutlinger Färber, der schon lange ein Auge auf die Jungfer geworfen hatte und nun, zutiefst gekränkt, auf Rache sann. Frenz bot den Tübingern seine Dienste an und versprach, ihnen Hans Laiblin auszuliefern, wenn sie ihm behilflich wären.

An einem Markttag brachte der Färber einen Wagen voll Stroh in die Reichsstadt. Er verlangte aber für die Ware einen solch hohen Preis, daß niemand bei ihm kaufte. Als es dunkel wurde, ließ er den Wagen in der Gasse vor dem Hause des Gerbers stehen. Unter dem Stroh hatten sich drei Tübinger verborgen. Um Mitternacht, als alles schlief, schlichen sie sich zusammen mit Frenz in die Kammer des jungen Paares, knebelten und banden den Gerber und schleppten ihn unbemerkt aus dem Haus. Sie versteckten ihn unter dem Stroh, und als am Morgen die Stadttore geöffnet wurden, fuhr Frenz den Wagen hinaus und brachte ihn auf Umwegen nach Tübingen.

Dort warf man den Gefangenen in den Haspelturm, ein schreckliches Verlies droben auf der Burg. An einer Haspel wurde der Reutlinger in das Loch hinabgelassen, und dort blieb er zehn Tage bei Wasser und Brot, in einem Raum, der so eng war, daß er kaum ausgestreckt liegen konnte. Er bekam keine Decke, um sich vor der Kälte der Kellerwände zu schützen, saß in seinem eigenen Kot, und als man ihn schließlich in einem Korb

wieder heraufzog, war er fast erblindet von der langen Nacht, stand zitternd und erschöpft vor seinen Richtern, beteuerte aber aufs Entschiedenste seine Unschuld.

Als man ihn fragte, wie er in den Besitz des Felleisens gekommen sei, berichtete er, Aigler bei Basel getroffen zu haben. Man wäre zusammen weitergewandert, der Heimat zu. Als sie nach Pfullingen gekommen seien, hätten sie Abschied voneinander nehmen wollen, aber der sei ihnen so schwergefallen, daß Laiblin den Tübinger noch bis Wankheim begleitet hätte. Weil es heiß gewesen wäre, hätte man eingekehrt und bis zum Abend gezecht. Als sie sich aber trennen wollten, sei sein Geselle doch etwas unsicher auf den Beinen gewesen, zumal jener ein schweres Felleisen schleppen mußte. Deshalb habe er ihm das Bündel abgenommen und sich selbst aufgeladen, um es dann später nach Tübingen zu bringen. Er selbst habe Glück gehabt: Ein Fuhrmann habe ihn zwischen Jettenburg und Betzingen aufgelesen und heimgebracht. Aigler aber müsse von einem anderen erschlagen worden sein.

Man glaubte ihm kein Wort, steckte ihn wieder in den Haspelturm und folterte ihn schließlich so grausam, daß er zuletzt alles gestand, was man von ihm verlangte, und nur um ein baldiges Ende bat.

Das Urteil wurde daraufhin gesprochen: Hans Laiblin sollte gerädert werden und sein Leichnam den Vögeln zum Fraße dienen.

Nach dem harten Richterspruch beteuerte der Unglückliche noch einmal seine Unschuld und bat, seine Frau sprechen zu dürfen. Dies aber lehnten die Richter ab, denn die Reutlinger sollten nichts von der Verurteilung erfahren.

In der freien Reichsstadt hatte in jener Nacht nach dem Markttag niemand die Entführung bemerkt. Laiblins Frau wunderte sich zwar, als sie am Morgen erwachte und das Bett ihres Mannes leer fand, doch dachte sie, er sei in aller Frühe mit den Schnittern aufs Feld gegangen. Erst als sie erfuhr, daß er dort nicht erschienen, begann sie sich zu ängstigen. Der Vermißte blieb auch anderntags verschwunden, und alle Nachforschungen halfen nichts. Niemand glaubte, daß Laiblin mit Gewalt aus der Stadt gebracht worden sei, denn die Tore waren bewacht und des Nachts verschlossen.

In Tübingen aber kannten nur die Richter die Herkunft des vermeintlichen Mörders, als am Richttag das Volk in den Gassen zusammenströmte, um an dem grausigen Schauspiel teilzunehmen. Auf dem Platz vor dem Bebenhäuser Hof hatte man das Blutgerüst aufgeschlagen. Das Malefizglöcklein läu-

Joachim Bürzik, Pfarrer '85

tete, und der Verurteilte wurde zum Schafott geführt.

Niemand hätte Hans Laiblin wiedererkannt, so sehr hatten die grausame Haft und die schlimme Folter seinen Leib zerstört. Im Armensünderkleid wankte der einst so kräftige Mann durch das Spalier der Gaffer dem Richtplatz zu. Zufällig stand ein Reutlinger in der Gasse. Auch er erkannte den Verurteilten nicht, doch jener sprach ihn im Vorbeigehen an, nannte seinen Namen und bat ihn, denen daheim zu sagen, daß er gequält und gemartert worden sei und nun unschuldig einen grausamen Tod erleiden müsse.

Der Reutlinger kehrte bestürzt in die Reichsstadt zurück und berichtete, was er vernommen. Die Bürger waren empört über das Vorgehen der Tübinger und forderten Aufklärung und Genugtuung. Diese indessen übersandten lediglich das Geständnis des Geräderten. Damit aber gaben sich die Reichsstädter nicht zufrieden, und der Streit zog sich lange Zeit hin.

Eines Nachts begaben sich einige Reutlinger Burschen nach Tübingen, drangen unbemerkt in die Stadt ein und holten die Gebeine Laiblins vom Schandpfahl. Sie steckten die Knochen in einen Sack und machten sich auf den Rückweg. Am Himmel war ein schlimmes Wetter heraufgezogen. Blitze zuckten, aber nicht der geringste Donner war zu vernehmen.

Um jeden Verdacht zu widerlegen, hatte sich auch Frenz, jener Färber, der Hans Laiblin an die Tübinger verraten hatte, dem Zuge angeschlossen. Den Sack mit den Gebeinen trug man abwechselnd, bald dieser, bald jener. So kam die Reihe auch an Frenz, gerade als man durch das Tübinger Tor in die Stadt wollte. Plötzlich zuckte ein greller Blitz nieder, ein gewaltiger Donnerschlag folgte, und Frenz stürzte zu Boden.

Man hob den Leblosen auf und brachte ihn in sein Haus. Erst nach Stunden kam er wieder zum Bewußtsein, aber es zeigte sich, daß seine rechte Seite gelähmt blieb. Auch als er das Bett wieder verlassen konnte, verhielt er sich merkwürdig, irrte ruhelos durch die Stadt, begab sich schließlich zum Rathaus und versuchte, die vorbeikommenden Ratsherren anzusprechen. Zuerst schenkte man seinem Gestammel keine Beachtung. Als Franz aber immer wieder und mit großer Beharrlichkeit sich Gehör zu verschaffen suchte, brachte man ihn zum Richter, und ihm gestand der Färber seine schlimme Tat. Man verurteilte auch ihn zum Tod auf dem Rad.

Indessen lebte in Sulz am Neckar ein älterer Mann, den hatte plötzlich eine schlimme Krankheit befallen. Er wurde blind, schwarze Eiterbeulen bedeckten seinen Leib, er konnte nichts mehr zu sich nehmen und litt furchtbare Schmerzen, aber er starb nicht. Die Leute waren entsetzt über die Qualen, die ein unbescholtener Bürger erdulden mußte, und in den Kirchstunden betete man, daß Gott endlich den Unglücklichen hinwegnehmen möge aus diesem jämmerlichen Dasein, doch der Alte konnte nicht sterben. Verzweifelt bat er, man möge ihn töten, aber niemand wollte Hand an ihn legen. Schließlich kroch er mit letzter Kraft zum Fenster und stürzte sich in die Gasse hinunter. Er brach sich dabei die Knochen, aber er lebte weiter!

Da kam der Gedanke auf, der Kranke habe eine Todsünde begangen und diese in der Beichte verschwiegen. Als der Pfarrer dem Unglücklichen zuredete und ihn eindringlich bat, zu gestehen, wenn er Böses getan, begann jener zu stammeln. Aber je länger er sprach, desto klarer und verständlicher wurden seine Worte und desto deutlicher wurde das Bild einer furchtbaren Tat.

In jener Mordnacht, so berichtete der Kranke, sei er im Wankheimer Wald einem jungen Burschen begegnet und habe wahrgenommen, daß dieser einen wohlgefüllten Geldgurt trug. Weil er aber tags zuvor seine ganze Barschaft in Rottenburg verspielt hatte, kam ihm der teuflische Gedanke, zu rauben, was ihm verlorengegangen war. Er folgte dem Gesellen und schlug ihn heimtückisch nieder. Es kam zu einem erbitterten Kampf, doch konnte er dem Burschen das Geld entreißen.

Als er aber im Davonlaufen sich nochmals umwandte, da sah er, wie der Niedergeschlagene sich mühsam erhob und ihm nachtaumelte. »Meister Gemring aus Sulz«, rief jener, »ich kenne Euch«! Der Übeltäter blieb wie vom Blitz getroffen stehen. Er mußte den Beraubten töten, sonst würde jener ihn an den Galgen bringen! Mit aller Kraft warf

er sich nochmals auf den Verletzten und schlug und würgte ihn, bis jener sich nicht mehr rührte.

Als er schließlich spürte, daß alles Leben aus dem Beraubten gewichen war, erhob er sich, irrte in der Nacht durch den Wald und kehrte anderntags in Tübingen ein. In der Herberge sprach man mit Empörung und Abscheu von der Mordtat, doch kein Verdacht fiel auf ihn, und unbehelligt konnte er nach Hause zurückkehren.

Aber in jener Stunde, als er von der Entführung und dem bitteren Ende Laiblins hörte, befiel ihn die schreckliche Krankheit. Sein Weib und seine beiden Kinder starben, und er blieb allein in all seiner Qual.

Mit großer Bestürzung hatte der Pfarrer die Beichte des Kranken vernommen. Er betete mit ihm, und bald darauf verschied der Mörder. Der Rat der Stadt Sulz aber ließ sein Geständnis niederschreiben und nach Tübingen und Reutlingen senden.

Die Tübinger waren zutiefst betroffen, als sie erkannten, daß sie einen Unschuldigen gequält, gemartert und getötet hatten, und schickten der Nachbarstadt einen »Bittgnadenbrief«. Zum Gedenken an die Tat ließen sie das Bild des aufs Rad geflochtenen Reutlingers in jenes Fenster ihrer Stiftskirche einfügen.

Das Testament

Ein Tübinger Bürger vermachte einst der Stiftskirche eine große Summe Geldes. Dafür sollte jedes Jahr an einem bestimmten Tag jedermann, der zur Kirche kam, ein Brot gereicht werden.

Lange Zeit wurde dem Testament entsprochen, aber schließlich wollte man den alten Brauch aufheben. Als der Tag kam, an dem das Brot hätte wieder verteilt werden sollen, war des Morgens die Kirche voll von schwarzen Vögeln. Sie saßen auf dem Boden, auf dem Gestühl, ja sogar auf dem Altar und auf der Kanzel. Es war, als hätte man über alles eine schwarze Samtdecke gezogen.

Die Leute packte ein Grauen, und niemand wagte die Kirche zu betreten. Schließlich erinnerte man sich des Vermächtnisses, holte eilends Brote und verteilte sie. Da erhoben sich die Vögel und flogen davon.

Der Geist in der Kreuzberger Kelter

Im Ammertal zwischen Tübingen und Jesingen stand einst die Kreuzberger Kelter. Dort sah man nachts des öfteren ein Licht hinter den Fenstern, das sich hin und her bewegte, und weil alle Türen verschlossen waren, glaubte man, ein Geist ginge in dem alten Gebäude um.

Ein Zimmermann aus Tübingen spottete über solcherlei Gerede. Als er nun eines Abends mit ein paar Gesellen an der Kelter vorbeikam, sah auch er den Lichtschein hinter den Fenstern. Um den anderen zu zeigen, wie unsinnig ihr Gespensterglaube war, stieg er die Treppe hinauf, fand die Tür aber verschlossen. Durchs Schlüsselloch spähend, gewahrte er ein Flämmchen in der Stube und rief:

»Schäuble, Schäuble,
mach de leicht,
daß du bald
bei mir seist!«

Da spürte er plötzlich, wie ihn zwei unsichtbare Hände packten und die Treppe hinabwarfen. Dort blieb er wie tot liegen. Seine Gesellen trugen ihn heim, und es dauerte lange, bis er wieder gesund war.

Ein Jesinger ging einmal an der Kreuzberger Kelter vorbei und hörte drinnen jemand niesen. »Helf dir Gott!« rief er hinein, wie's dort der Brauch ist. Gleich nieste es wieder, und der Mann sagte zum zweiten Mal: »Helf dir Gott!« Als es aber zum dritten Mal nieste, sprach er ärgerlich: »Ei, wenn dir Gott nicht helfen kann, so helf dir halt der Teufel!«

Da packte ihn der Geist und warf ihn so heftig zu Boden, daß er sich den Hals brach und, nachdem er acht Tage lang von schlimmen Schmerzen gepeinigt worden war, unter Qualen starb.

Das Einfüßle im Nonnenhaus

In der alten Scheuer, die zum sogenannten Nonnenhaus in Tübingen gehörte, trieb einstens das Einfüßle sein Unwesen. Den Namen hatte man ihm gegeben, weil es nur einen Fuß hatte. Trotzdem aber war das winzige kohlrabenschwarze Männlein flink und gewandt, kletterte blitzschnell die Stiegen hinauf und hinab und trieb allerlei Schabernack. Besondere Freude machte es ihm, das Heuseil vom obersten Scheuerboden auf die Tenne hinabzuwerfen und damit die Leute, die dort arbeiteten, zu erschrecken.

Vor allem in der Adventszeit ließ sich das Einfüßle oft sehen und hören. Es trug eine Kapuze auf dem Kopf und beschäftigte sich tage- und nächtelang mit Fruchtmessen und Geldzählen.

Einmal wagten sich ein paar Kinder ans offene Scheuertor und riefen: »Einfüßle, Einfüßle, komm«!

Plötzlich erschien das Geistlein im Dunkel der Scheuer und hüpfte auf die Kleinen zu, schneller, als einer mit zwei Füßen rennen kann. Da erschraken die Kinder und liefen eilends davon. Ein kleiner Bub aber stolperte und fiel hin. Als er heulend auf allen Vieren weiterkrabbelte, mußte das Einfüßle so laut lachen, daß man es in der ganzen Gasse hörte.

Herzog Ulrich und der Löffel des Weingärtners

Als Herzog Ulrich auf der Flucht vor den Häschern des Schwäbischen Städtebundes sein verlorenes Land durchstreifte, kam er auch nach Reicheneck bei Reutlingen. Um des lieben Brotes willen verdingte er sich als Knecht bei einem Bauern. Bald aber geriet er in Streit mit den anderen Knechten und mußte weiterziehen.

In der Nähe von Tübingen traf er auf dem Felde einen Weingärtner, der gerade dabei war, mit seiner Familie das bescheidene Mittagsmahl, einen Erbsenbrei, zu verzehren. Der Herzog war wohl andere Kost gewöhnt. Weil ihn aber der Hunger so plagte, trat er bescheiden hinzu, und als der Alte fragte: »Witt mithalta?«, bejahte er gerne. Da aber ein Löffel fehlte, kam der Herzog in Verlegenheit. Darüber schmunzelte der Weingärtner, nahm den Anschnitt des Brotlaibes, höhlte ihn aus und zeigte Ulrich, wie man damit den Brei löffeln konnte. Der Herzog ließ sich's schmecken, und als die Schüssel leer war, aß er auch noch mit Vergnügen den Löffel auf, erkundigte sich beiläufig nach dem Namen des Mannes und nahm dankend Abschied.

Nach vielen Jahren, als der Herzog sein Land zurückgewonnen hatte, geschah es einmal, daß er, als er sich zu Tische setzte, den Löffel vermißte. Da erinnerte sich Ulrich an den Tübinger Weingärtner. Er schickte gleich einen Eilboten nach ihm und befahl, den Mann sofort nach Stuttgart ins Schloß zu bringen. Der Alte erschrak zutiefst und fürchtete das Schlimmste, denn Ulrich galt als ein gar strenger Herr. Noch verwunderter war er, als man ihn in den prächtigen Speisesaal führte und er neben dem Herzog Platz nehmen mußte.

Während nun die Gesellschaft fröhlich schmauste, saß der Weingärtner still und verlegen vor seinem Teller. »Warum ißt du nicht?« fragte schließlich der Herzog, und der Arme gestand, daß ihm der Löffel fehle. »Kannst du keinen machen?« herrschte Ulrich ihn daraufhin an, ließ sich vom Brotlaib den Anschnitt geben, höhlte ihn aus und reichte ihn dem Verdutzten. Da erkannte jener, wen er einst zu Gast gehabt, und sagte: »Also Ihr send's domols gwea, Herr Herzich!«

Ulrich hatte seinen Spaß an der Verlegenheit des Mannes, beschenkte ihn reichlich und gewährte ihm und seinen Nachkommen Befreiung von Steuern und Lasten.

Die Lustnauer Erdwichtele

In der Umgegend von Lustnau bei Tübingen soll es vor einiger Zeit noch Geister gegeben haben, die man Erdwichtele nannte. Es waren kleine Männlein in gelben Hosen und roten Strümpfen. Sie suchten gerne die Gesellschaft der Menschen. Waren Frauen auf den Kornfeldern, um das Unkraut zu jäten, so boten die Geistlein oft ihre Hilfe an und arbeiteten so emsig und sauber, daß es eine helle Freude war, ihnen zuzuschauen. Im Nu war der Acker frei von Unkraut und blieb dies auch für lange Zeit. Und so behutsam gingen die Kleinen vor, daß nachher kein Hälmchen geknickt war.

Einmal mähte ein Bauer aus Lustnau mit seinen zwei Knechten eine Wiese beim Neckar, aber es wurde Abend, als sie kaum die Hälfte geschafft hatten. Sie mußten ihre Arbeit beenden, doch der Bauer meinte: »Wir wollen unsere Sensen über Nacht hier lassen; vielleicht kommen die Erdwichtele und helfen uns.«

Wie er nun am anderen Morgen in aller Frühe wieder aufs Feld kam, sah er schon von weitem drei kleine Männlein, die die Sensen geholt hatten und wacker drauflos mähten. Kaum aber hatten sie den Bauern erblickt, so ließen sie alles liegen und liefen schnell davon in den Wald. Die Wiese aber war abgemäht bis auf anderthalb Mahden.

Im Winter kamen die Erdwichtele oft in die Spinnstuben und setzten sich, wie es die jungen Burschen zu tun pflegen, neben die Spinnerinnen. Weil sie jedoch so klein waren, genügte ihnen das Kunkelstühlchen als Sitzplatz. Sie unterhielten sich ganz ernsthaft mit den Mädchen, trieben aber zuweilen auch derbe Scherze, zupften sie am Rock oder zwickten sie in die Waden. Als einmal eines der Männlein gar zu frech war, gab ihm das Mädchen einen Fußtritt. Das Erdwichtele aber blieb ganz fest auf seinem Platz sitzen und rührte sich auch nicht, als die Spinnerin verwundert und ärgerlich ausrief: »Der Blitzdreck fällt erst net om!«

Eines Abends jedoch, als eines der Mädchen wieder einmal wegen des Mutwillens der boshaften Männlein keine Ruhe hatte, hielt es mit seiner Arbeit inne, schaute die Quälgeister fest an und sagte: »Ei, wir wissen ja, wie ihr heißt.« – »Wie denn?« fragten da alle verwundert. »Erdwichtele!« sagte das Mädchen. Da gingen die Männlein auf der Stelle fort und kamen nie wieder.

Die Sagen vom Spitzberg bei Tübingen

Auf dem Spitzberg zwischen Tübingen und Wurmlingen, heißt es, sei ein Schatz vergraben. Den hütet ein kleines Weiblein, das so winzig von Gestalt ist wie ein zweijähriges Kind. Es trägt ein langes, schneeweißes Gewand und auf dem Haupte ein zierliches Krönlein aus lauterem Gold, besetzt mit kostbaren Edelsteinen.

Manchmal steigt es aus den tiefen Gewölben, die den Schatz beherbergen, empor und setzt sich in die Mittagssonne. Man hat es auch schon hinabgehen sehen zum Neckar, um dort zu baden. Manche erzählen, das Weiblein habe ihnen freundlich zugewinkt. Wären sie ihm in den Berg gefolgt, so hätten sie es gewiß erlösen und einen Schatz gewinnen können. Aber alle hatten bisher Angst und liefen davon, wenn sie dem Weiblein begegneten.

In einer anderen Sage wird berichtet, auf dem Spitzberg habe einst eine Burg gestanden, und in ihren Kellern lägen noch Schätze verborgen. Sie werden von einem Schlangenkönig bewacht, der einst zuweilen ins Tal hinunterkroch, um im Neckar zu baden. Zuvor legte er dann immer sein Krönlein auf ein trockenes, reinliches Plätzchen. Der Hofbauer von Hirschau, ein in geheimen Dingen erfahrener Mann, hatte dies des öfteren beobachtet und wollte sich das Krönlein beschaffen. Als er wieder einmal den Schlangenkönig auf seinem gewohnten Weg zum Neckar hinunterkriechen sah, holte er flugs ein reines, weißes Tüchlein, breitete es am Ufer aus und versteckte sich mit seinem Pferd hinter einem Weidenbusch. Und wirklich: Der Schlangenkönig legte seine Krone auf das Tuch, ehe er in das Wasser glitt.

Blitzschnell schwang sich der Bauer in den Sattel, jagte herzu, packte das Tuch mit der Krone und sprengte ins Dorf zurück. Die Schlange schoß hinter dem Räuber her und hätte ihn fast erreicht, da raste der Reiter durch das offene Hoftor und schlug es schnell hinter sich zu. Hätte die Schlange ihn noch eingefangen, so wäre sein Leben verwirkt gewesen.

Das Krönlein brachte ihm Glück, und er war bald der reichste Bauer im Dorf. Der Schlangenkönig aber blieb fortan verschwunden.

In Hirschau erzählt man sich auch, in den Kellern und Verliesen der einstigen Ödenburg auf dem Spitzberg hause ein Zwerg, den man das »Rotmäntele« heißt, weil er immer ein feines, rotes Mäntelchen trägt, wenn man ihm begegnet. Auch vor ihm fürchten sich die Leute obwohl der Kleine noch niemandem etwas zuleide getant hat, und verstecken sich, wenn sie ihn den Wiesenhang herabkommen sehen.

Ein Mann aus Tübingen war weniger furchtsam und unterhielt sich des öfteren mit dem Geistlein. Meist traf er es, wenn er sich vor Sonnenaufgang auf dem Spitzberg einfand. Es kam dann aus einem Erdloch gekrochen, gab sich ganz zutraulich und erzählte, es kenne einen Schatz, der liege mitten im Feld der Tübinger Markung und sei schwerer als der Österberg. Den könne man unter gewissen Bedingungen heben. Der Mann dürfe aber das Geheimnis keinem verraten. Habe er den Schatz im Besitz, so könne er ihn nicht in der Heimat genießen, sondern müsse mit einem apfelgrünen Gefährt, gezogen von apfelgrünen Pferden, nach Wien fahren. Dort könne er sich dann das schönste Leben machen.

Ob nun der Tübinger den Schatz fand und sein Glück damit machte, wird nicht berichtet.

Sagen vom Neckartal
zwischen
Rottenbürg und Tübingen
und vom Gäu
Joachim Burzik
Pfarrer zu Weilheim 1985

Das Schleierweiblein

Im Eichenhau bei Hirschau soll einst ein altes kleines Weiblein gesehen worden sein. Es trug manchmal zerlumpte und schmutzige Bauernkleider, und dann mußte man sich vor ihm in acht nehmen. Zeigte es sich aber in einem weißen Schleier, so tat es niemandem etwas zuleide.

Besonders die Holzsammlerinnen begegneten dem Weiblein oft, das sich gern zu ihnen gesellte und ihnen bei ihrer Arbeit eifrig half. Es sprach die Frauen an und fragte: »Habt ihr genug? Ist euer Büschel bald voll?« Und es suchte mit solchem Eifer die dürren Zweige zusammen, daß die Frauen bald ihr Bündel schnüren und heimtragen konnten. Auf dem Weg aber folgte ihnen dann das Weiblein, riß alles Holz, das es gesammelt hatte, wieder aus den Büscheln und warf es in den Wald.

Auch mit den Fuhrleuten und Holzhauern trieb es mancherlei Schabernack. Die bewarf es mit Tannenzapfen, Steinen und Spänen. So eifrig sie auch nach dem Täter suchten, sie konnten ihn nie entdecken, und selbst die Wurfgeschosse verschwanden vor ihren Augen. Wenn sie sich dann verdutzt umschauten, hörten sie zuweilen in der Ferne ein höhnisches Kichern. Dann wußten sie, daß das Schleierweiblein ihnen einen Streich gespielt hatte.

Das Weiblein, so sagt man, sei zu Lebzeiten Haushälterin im ehemaligen Kloster Ammerhof gewesen. Aus Geiz habe sie die Armen, die an ihre Tür kamen und um Brot baten, mit bösen Scheltworten fortgejagt. Dafür müsse sie nun umgehen.

Joachim Bursik, 85

Die Sagen von der Liebfrauenkirche bei Hirschau

Wenn man von Tübingen nach Hirschau wandert, kommt man an einer Friedhofskapelle vorbei, die den merkwürdigen Namen trägt »Zu Unserer Lieben Frau beim Holderbusch«.

Die Sage erzählt, einst sei hier ein großer Holderbusch mitten im Feld gestanden. Wenn man an dem Platz vorbeiging und lauschte, hörte man eine wunderbare Stimme singen. Vor allem während der Erntezeit, wenn viele Leute in der Nähe arbeiteten, war dieser himmlische Gesang oft zu vernehmen. Man forschte, woher er kam, und einige glaubten auch, die Mutter Gottes im Schatten des Holderbusches sitzen zu sehen, ein Wiegenlied singend.

Darum beschlossen fromme Menschen, an der Stelle des Busches eine kleine Kapelle zu errichten. Während des Baues gedachte man, das Kirchlein auf eine Anhöhe zu verlegen. So oft die Bauleute aber morgens an die Arbeit gingen, fanden sie Bauholz und Steine wieder unten beim Holderbusch. Da erkannte man, daß die Kapelle nur an dieser Stelle errichtet werden sollte. Zu beiden Seiten der Pforte pflanzte man zwei Holunderbüsche, und von nun an erklang der Gesang der Mutter Gottes im »Käpelle«.

Einst ritt ein vornehmer Herr an der Liebfrauenkirche vorbei. Auch er hörte das Singen. Weil er aber gottlos und böse war, fing er an zu spotten und zu höhnen, trieb sein Pferd ganz nahe an die offene Pforte und wollte es gar unter Peitschenhieben zwingen, die Kapelle zu betreten. Plötzlich aber blieb das Tier wie angewurzelt stehen und ließ still alle Demütigungen über sich ergehen.

Da merkte der Herr, daß jemand Macht über das Pferd hatte, der stärker war als er, und er erkannte, daß er Böses getan. Schließlich holte man einen Priester. Der gebot, dem Pferd die vorderen Hufeisen abzureißen und sie zur Buße an die Kirchentür zu nageln. Und wirklich: Kaum war dies geschehen, konnte das Tier seinen Weg wieder fortsetzen. Die Hufeisen aber sind heute noch an der Pforte der Liebfrauenkirche zu sehen.

Der Frevel

Am Waldweg zwischen Wurmlingen und Pfäffingen soll einst ein uraltes Kreuz gestanden haben.

Im Winter kamen einmal Buben, die im oberen Wald Holz gesammelt hatten, an dem Platz vorbei. Von der Arbeit müde, warfen sie ihre Reisigbüschel unter das Kreuz und ruhten sich aus. Da bemerkte einer, daß sich an der Nase des Gekreuzigten über ihnen ein Eiszapfen gebildet hatte. Er sagte spöttisch: »Schaut, wie's Himmelsvatterle eine Rotznase hat; ich will sie ihm putzen.« Der Bub kletterte auf die Holzbüschel, griff nach dem Zapfen und wollte ihn abreißen. Plötzlich aber spürte er, daß er seine Hand nicht mehr vom Haupte des Gekreuzigten lösen konnte, so sehr er sich auch mühte.

Die andern lachten zuerst und hielten alles für einen Scherz, aber als sie merkten, daß ihr Kamerad wirklich in großer Not war, liefen sie eilends nach Wurmlingen und berichteten, was geschehen. Erst nachdem der Pfarrer mit einer Prozession zu dem Kreuz zog, wurde der Frevler erlöst.

Eine ähnliche Begebenheit wird in Rottenburg erzählt. Im Weggental soll einst ein Bildstöcklein mit der Muttergottes gestanden haben. Ein Schäferbursche wollte der Heiligen Jungfrau die Nase putzen. Auch er konnte seine Hand nicht mehr von dem Bildnis lösen und mußte lange warten, bis endlich eine Prozession aus Rottenburg und Ehingen erschien und Gott und Maria um Verzeihung für die lose Tat des Buben bat. Da löste sich der Bann.

Das niesende Waldmännle

Einige Bühler Bauern waren einmal nach Dußlingen unterwegs. Als sie so durch den Wald schritten und miteinander sprachen, hörten sie im Dickicht des Unterholzes ein Wimmern, achteten aber nicht darauf und gingen weiter. Bald danach nieste jemand, und sie riefen: »Helf dir Gott!« in den Wald hinein. Da nieste es noch einmal. »Helf dir Gott!« sagten sie wieder. Als es aber zum dritten Mal nieste, sprachen sie unwillig zueinander: »Da will uns einer zum besten haben.« »Ei so geh zum Teufel!« riefen sie deshalb.

Plötzlich aber trat ein wunderliches kleines Männlein hinter einer Eiche hervor, jammerte und sprach: »Ach, hättet ihr zum dritten Mal ›helf dir Gott‹ gesagt, so wäre ich erlöst gewesen. Nun aber muß ich warten, bis eine Eichel von diesem Baum fällt und aus ihr wieder ein Baum wächst, bis man jene Eiche fällt und aus dem Holz Bretter schneidet und bis aus diesen Brettern eine Wiege gebaut wird. Erst der Mann, der als Kind in jener Wiege gelegen hat, kann mich erlösen.«

Da schwiegen die Männer beschämt und gingen still ihres Wegs.

Die Gründung der Wurmlinger Kapelle

Vor mehr als tausend Jahren lebte in Calw ein Graf namens Anselm, der reich an Gütern war. Er hatte auf seinen Kriegsfahrten mancherlei erlebt und sogar das Heilige Land bereist. Doch als er den Tod nahen fühlte, kehrte er in seine Heimat zurück, um dort begraben zu werden. Den Ort seiner ewigen Ruhe sollte aber Gott selbst bestimmen. Deshalb ordnete er an, seinen Leichnam in einen Sarg zu betten und auf einen Wagen zu laden, vor den zwei Ochsen gespannt werden sollten, die noch nie unter einem Joch gegangen waren. Kein Fuhrmann sollte sie leiten, und man möge den Tieren freien Lauf lassen. Dort aber, wo sie anhielten, wolle er begraben sein.

Als Graf Anselm gestorben war, tat man, wie er geheißen, und die beiden Ochsen zogen den Totenwagen durch die Täler und Wälder, über Felder und Berge den weiten Weg bis hinauf zu dem Hügel bei Wurmlingen, von dem aus man hinabblicken kann ins gesegnete Neckartal. Dort blieben die Tiere stehen, und die Knechte, die dem Gefährt gefolgt waren, hoben eine Grube aus und bestatteten ihren Herrn auf dem Gipfel des Bergleins.

Später baute man über dem Grab des Grafen eine Kapelle und weihte sie dem heiligen Remigius, und als das Kirchlein im Dreißigjährigen Krieg von den Schweden niedergebrannt wurde, erstellte man es später wieder am gleichen Ort.

Ein alter Brauch soll auch dem Geheiß des Grafen entsprechen: Alljährlich am Stiftungstage des Kirchleins wurde in der Kapelle eine heilige Messe gelesen, an der die Geistlichen der Umgebung teilnahmen. Anschließend gab es einen großen Festschmaus, und auch die Armen und Kranken, die an jenem Tag auf den Berg kamen, durften mithalten. Graf Anselm soll angeordnet haben, daß nur der unter seinen Nachkommen diesen Brauch aufheben dürfe, dem es gelänge, auf einem Pferd sitzend einen Kieselstein über die Turmspitze des Kirchleins zu werfen. Dies hat noch keiner versucht; der Stiftungstag aber ist schon längst vergessen.

Junker Jäkele

Bei Wurmlingen gibt es ein Waldstück, das man den Obernwald nennt. Dort soll es nachts nicht geheuer sein. Man sagt, der Junker Jäkele ginge um, ein gar schrecklicher Geselle.

Einst war ein Wurmlinger zu später Stunde noch unterwegs. Wie er durch den Obernwald ging, begegneten ihm zwei kleine Hunde, die waren mit einer Kette zusammengebunden. Er wunderte sich darüber, aber kaum war er hundert Schritte weitergegangen, traf er wieder auf zwei Hunde, die waren größer als die ersten und auch aneinandergekettet. Als ihm kurze Zeit später ein drittes Paar entgegenkam – diesmal waren die Tiere riesengroß – da wußte er, daß dies nicht mit rechten Dingen zuging.

Und wirklich: Gleich nach den Hunden erschien ein Reiter auf einem mächtigen Pferd. Der lärmte und schrie; als er aber den Mann sah, schwieg er still und ritt zu ihm hin. Dem wurde himmelangst, und am liebsten wäre er davongelaufen, aber er fürchtete die Hunde. Schließlich hob er den Blick und betrachtete das Pferd, einen riesigen Schimmel, der sein gelbes Gebiß bleckte und wild den Kopf hin und her warf. Und dann bemerkte er in der Dunkelheit voller Entsetzen, daß der Reiter geköpft war, daß er sein eigenes Haupt auf einem Teller unterm Arm trug!

Der Mann blieb starr vor Schreck stehen, und er erzählte später, es wäre eine Viertelstunde verstrichen, bis der Junker Jäkele weitergeritten und der Spuk verschwunden sei.

Jener Junker, der sich in so grausiger Gestalt den Menschen zeigt und keine Ruhe findet, sei einst Herr des Schlosses in Poltringen gewesen. Auch dort hat man den Geist schon umgehen sehen. Er habe oft, eine Pfeife rauchend, am offenen Fenster des alten Gemäuers gestanden.

In einer anderen Sage wird erzählt, jener Junker Jäkele sei einst Herr von Presteneck gewesen, einem Schloß, das früher auf einem Hügel bei Wurmlingen stand. Man berichtete auch von seiner außerordentlichen Stärke. Wenn er mit seinem Wagen den steilen Berg hinabfuhr, so brauchte er nicht zu sperren, sondern griff nur mit der Hand in die Speichen des Rads und hielt es fest. Auch war er ein leidenschaftlicher Jäger, der selbst des Sonntags während der Gottesdienste dem Wild nachstellte. Als er dann in den Krieg zog, kam er in einer Schlacht ums Leben, keiner weiß wie.

Nun hat er seine Sünden abzubüßen, ruhelos durch den Wald zu streifen und dem Wild nachzujagen. Besonders sonntags während der Messe, aber auch abends nach der Betglocke bis zur Betglockenstunde am andern Morgen kann man sein Geschrei, das Wiehern seines Schimmels und das wütende Gekläff der Hundemeute in jenem Waldstück vernehmen.

Die Schlange mit der Goldkrone

In Wurmlingen stand einst ein Schloß, das gehörte dem edlen Herrn von Megenzer. Zu dem Anwesen zählte auch eine Meierei. Das Schloß wurde später abgebrochen, der Meierhof aber kam an einen Bauern, der »Hölle« hieß. Dieser besaß auch den großen Keller, der vom Schloß übriggeblieben war. In dem kühlen Raum wurde im Sommer die Milch aufbewahrt.

Nun geschah es, daß ständig der Rahm in den Kannen fehlte, und niemand wußte, wer schuld daran war. Um den Übeltäter zu erwischen, legte sich eine Magd auf die Lauer. Da sah sie eine Schlange aus einem Spalt des Gewölbes kriechen und sich über den süßen Rahm hermachen. Ein altes Kräuterweiblein riet dem Bauern, das Tier nur ja in Ruhe zu lassen und ihm täglich ein Schüsselchen frischer Milch hinzustellen. Der Meier tat nach seinem Geheiß, und fortan trank die Schlange die Milch aus der Schüssel und ließ den Rahm in den Kannen unberührt.

Eines Tages spielten Kinder auf den Stufen, die vom Hof zur Kellertür hinabführten. Da fanden sie mehrere Topfscherben, und weil diese so schön glänzten, schoben sie einige davon in die Tasche und nahmen sie mit nach Hause. Als aber die Kinder anderntags ihre Kleider wieder anziehen wollten, hörte die Mutter, daß in den Taschen Geld klimperte. Sie griff hinein und zog lauter glänzende Silberstücke hervor, die waren seltsamerweise nicht rund, sondern dreieckig oder viereckig. Die Mutter fragte, von wem sie das merkwürdige Geld bekommen hätten, und sie erzählten von den Scherben, die vor der Kellertür lagen. Darauf ließ sich die Mutter den Platz zeigen, aber die restlichen Scherben waren verschwunden.

Einige Zeit danach entdeckte man die Schlange wieder im Keller. Diesmal trug sie ein winziges goldenes Krönlein, und als die Leute herzuliefen, um die Erscheinung zu bestaunen, kroch das Tier vom einen zum andern, als ob es jedem die Krone anbieten wolle. Aber keiner traute sich, sie anzurühren. Da zog sich die Schlange in ihr Loch zurück.

Sie zeigte sich später noch öfters, aber ohne Krone, gebärdete sich ganz wild, fuhr wie der Blitz im Keller herum und zischte fürchterlich. Hätten die Kinder alle Scherben aufgelesen und hätte man der Schlange später die Goldkrone abgenommen, so wäre jener Geist erlöst gewesen, meinten danach die Leute.

Die Zaubererbsen

Ein junger verwegener Bursche aus Wurmlingen hatte von einer Hexe gehört, wie man sich unsichtbar machen könne. Nun wollte er den Versuch wagen. In der Karfreitagnacht stieg er hinauf zur Kapelle. Auf dem Kirchhof grub er einen Totenkopf aus, füllte ihn mit Erde und steckte drei Erbsen hinein. Dann vergrub er den Schädel wieder, diesmal aber unter dem Trauf der Kapelle, und ging ins Innere des Kirchleins, um dort niederzuknien und das Glaubensbekenntnis zu beten.

Plötzlich erschienen ihm die Geister vieler Verstorbener und gingen lautlos an ihm vorüber, ihn aus schwarzen Augenhöhlen anstarrend. Da befiel den Burschen große Angst. Er unterbrach sein Gebet, sprang auf, rannte zur Kirche hinaus und lief wie gehetzt den Berg hinab.

Hätte er sich nicht schrecken lassen und das Glaubensbekenntnis zu Ende gesprochen, so hätte er sich mit den Erbsen des Totenkopfes unsichtbar machen können. Einige Wilderer im Rammert und Schönbuch sollen das Wundermittel besitzen. Stört sie der Förster bei ihrem Frevel, so stecken sie sich die Erbsen in den Mund, und alsbald verwandeln sie sich in Baumstämme oder Feldsteine.

Die abgehauene Katzenpfote

In Bühl erzählt man sich, ein Soldat habe eine Magd liebgehabt und sie, wenn sein Dienst es zuließ, jeden Abend besucht. Er versprach ihr auch die Heirat, und die beiden schienen miteinander glücklich zu sein.

Eines Tages nun bat das Mädchen den Burschen, des Freitags fernzubleiben, und als er nach dem Grund fragte, wurde es verlegen und sagte, es sei ihm an dem Abend nicht geschickt. Da wurde der Soldat argwöhnisch und glaubte, das Mädchen hätte noch einen anderen Liebhaber.

Als der Freitagabend kam, machte er sich deshalb trotzdem auf den Weg zu seiner Liebsten. Wie er nun in der Dämmerung dem Dorf zu wanderte, kam plötzlich eine weiße Katze aus dem Gebüsch, lief zuerst neben ihm her und versuchte, ihn wegzulocken. Weil er sich aber nicht vom Weg abbringen ließ, begann das Tier ganz fürchterlich zu fauchen und den Burschen anzuspringen. Der Soldat zog seinen Säbel und wehrte sich, und als die Katze nicht von ihm abließ, schlug er nach ihr und hieb ihr dabei eine Pfote ab. Da humpelte das Tier wehklagend davon, dem Dorfe zu.

Der Soldat fand die Kammer seiner Liebsten dunkel, und als er eintrat, sah er sie im Bette liegen, als ob sie große Schmerzen leide. Er fragte, was ihr fehle, bekam aber eine ganz wirre Antwort. Zugleich bemerkte er am Boden der Kammer eine Blutspur. Da packte ihn das Grauen. Er zog dem Mädchen die Bettdecke weg und entdeckte voller Entsetzen, daß ihm der Fuß abgehauen war. »Ha, so steht es mit dir, du Hexe!« rief er und ging fort. Die Magd aber starb am dritten Tag.

Die Gerstenkörner

Als ein Bauer aus Kiebingen bei Rottenburg einmal auf seinen Acker ging, der am Weg zur Rohrhalde liegt, sah er am Boden etwas im Sonnenlicht glänzen. Er bückte sich und fand eine Kappe voll überaus schöner Gerstenkörner. Weil sie so hübsch anzusehen waren, las er einige auf und schob sie in seine Tasche, um sie daheim zu zeigen.

Wie er aber zu Hause in die Tasche griff und die Körner wieder herausholen wollte, waren lauter Goldstücke daraus geworden. Rasch eilte der Mann zu seinem Acker, um noch mehr Gerstenkörner aufzusammeln. Aber so sehr er auch suchte, er fand kein einziges mehr.

Man sagt, auf dem Acker hause ein Geist, und einige Kiebinger wollen ihn auch gesehen haben. Der bewache einen Schatz. Hätte der Bauer damals alle Gerstenkörner aufgelesen, so wäre der Geist wahrscheinlich erlöst gewesen.

Der Farnsamen

Wer ohne Arbeit reich werden will, der muß sich an den Teufel wenden und hat schwere Prüfungen zu bestehen, so erzählte man sich früher zwischen Rottenburg und Tübingen. Er darf während der ganzen Adventszeit kein Gebet verrichten, keine Kirche besuchen, kein Weihwasser berühren, soll sich aber immer mit teuflischen Gedanken beschäftigen und den Wunsch hegen, der Böse möge ihm Geld verschaffen. Sodann muß er in der Christnacht zwischen elf und zwölf Uhr sich an einen Kreuzweg stellen, über den schon Leichen zum Gottesacker geführt worden sind. Da wird er dann vielen Verwandten und Bekannten begegnen, Lebenden und Toten, und alle werden ihn ansprechen und fragen: »Was machst du denn da?« Er aber muß schweigen und darf sich nicht von der Stelle rühren. Schließlich werden sich kleine Teufelchen zu ihm gesellen, lustige Späße treiben und Fratzen schneiden. Wenn er aber nur ein einziges Wort sagt oder nur einmal zu lachen beginnt, so wird ihn der Teufel auf der Stelle zerreißen. Besteht man aber alle diese Prüfungen und bleibt still und ungerührt stehen, so wird zuletzt der Teufel selbst erscheinen. Er trägt die Kleidung eines Jägers und reicht einem eine Tüte voller Farnsamen. Die soll man wohl verwahren und immer bei sich tragen, denn sie geben einem die Macht, in seinem Gewerbe mehr zu leisten als zwanzig oder dreißig andere zusammen.

Zwei Burschen aus Kiebingen wollten einmal in den Besitz des Wundermittels kommen. Sie begaben sich in der Christnacht an die Straßenkreuzung zwischen Bühl und Kiebingen. Und wirklich erschienen ihnen viele Geister, die sie zum Sprechen oder Lachen bringen wollten. Sie aber ließen sich nicht beirren. Zuletzt kam ein Jäger mit einem Hund. Der Mann blieb dicht vor ihnen stehen, starrte sie an und sprach kein Wort. Der Hund aber, ein riesiges Tier mit feurigen Augen, umkreiste sie, wedelte mit dem Schweif und schlüpfte endlich dem einen zwischen den Füßen durch, wobei der so erschrak, daß er voller Angst davonrannte. Der andere aber verlor nun auch allen Mut und lief seinem Gesellen nach.

Drei Burschen aus Wurmlingen versuchten auch einmal ihr Glück. Sie gingen zum Kreuzweg zwischen Wurmlingen und Pfäffingen. Als ihnen die Geister begegneten, schwiegen sie zwar stille; den Burschen aber wurde so höllisch angst, daß sie Reißaus nahmen.

Ein Taglöhner aus Rottenburg soll mutiger gewesen sein. Als er alle Prüfungen glücklich hinter sich gebracht hatte, erschien ihm ein

Jäger mit einem großen Hund. Der stellte sich vor ihn hin und musterte ihn mit starrem Blick. Aber der Taglöhner ließ sich nicht einschüchtern, sondern dachte nur immer an den Reichtum, den es zu erlangen galt, und hielt stand. Da reichte ihm der Teufel die Tüte mit den Farnsamen. Der Mann nahm sie zu sich und trennte sich sein Leben lang nicht mehr von ihr. Er erzählte niemandem ein Sterbenswörtchen davon, aber jeder konnte sehen, wie mühelos und geschwind er fortan auch die härteste Arbeit verrichten konnte.

Auch ein Rottenburger Webergesell scheint den Farnsamen besessen zu haben. Wenn er am Samstag arbeitete, dann schaffte er so viel, daß er die übrigen Tage der Woche mit Spielen und Saufen verbringen konnte. Einmal wob er an einem Tag ein Stück Leintuch von hundert Ellen Länge. Seine Meisterin wollte es noch am selben Abend abliefern. Als die Frau an der Ehinger Kirche vorbeikam, hörte sie das Glöcklein zum heiligen Segen läuten. Da stellte sie den Korb mit dem Tuch beiseite und kniete nieder. Nachdem sie den Segen empfangen hatte, wollte sie weitergehen. Aber als sie in ihren Korb blickte, lagen statt des Tuchs nur Garnknäuel drin, und das Teufelswerk war verschwunden.

Des Schäfers Wunderrute

Zwischen Wurmlingen und Pfäffingen hütete einst ein Schäfer seine Herde. Da kamen einige Soldaten des Wegs. Einer von ihnen war ein besonders guter Schütze, und als er den Schäfer in der Ferne erblickte, rühmte er sich vor seinen Kameraden, dem Mann die Schippe, auf die er sich lehnte, wegschießen zu können. Der Schuß gelang, und der Schäfer stürzte zu Boden.

Als er sich wieder erhoben hatte und erkannte, wer ihm den Streich gespielt, gedachte er sich zu rächen. Er besaß nämlich eine einjährige Haselrute, die hatte er am Karfreitagmorgen vor Sonnenaufgang geschnitten, dabei gegen Osten gesehen und die drei höchsten Namen dazu gesprochen. Eine solche Wunderrute reichte weit in die Ferne. Der Schäfer zog ruhig seine Jacke aus und schlug mit aller Kraft in die Richtung der Soldaten. Die schrieen plötzlich auf, denn sie verspürten heftige Hiebe, und da sie sich nicht erklären konnten, woher die Schläge stammten, bekamen sie es mit der Angst zu tun und liefen eilends davon.

Die Graserin

An hohen Festtagen, besonders am Pfingstsonntag, am Himmelfahrtstag und am Fronleichnamsfest konnte man während des Gottesdienstes auf dem Feld zwischen Rottenburg und Wendelsheim einst einer Frau begegnen, die mit ihrer Sichel Gras schnitt. Da es streng verboten war, des Sonntags zu arbeiten, taten sich einmal acht Männer zusammen, um die Graserin zu fangen und vor Gericht zu bringen. Wie sie ihr aber ganz nahe gekommen waren, verschwand die Frau plötzlich vor ihren Augen, und niemand wußte, wo sie geblieben war.

Zwei Mädchen aus Wendelsheim trafen die Graserin auch und gingen beherzt auf sie zu, um die Frau zu fragen, warum sie grasen müsse und keine Ruhe fände. Plötzlich sprang ein kleines schwarzes Männlein auf sie zu und drohte ihnen mit einer Axt. Da erschraken die Mädchen und liefen schnell nach Hause.

Die Katzentaufe

In einem Dorfe bei Rottenburg waren abends einmal ein paar Mädchen in der Lichtstube beisammen, um zu spinnen. Sie erzählten sich unheimliche Geschichten und trieben allerlei Unfug. Schließlich hatten sie den Einfall, eine Katze zu taufen. Sie fanden auch gleich eine hinter dem Ofen, holten Taufwasser und führten die Handlung durch, wie man es bei einem Kinde tut.

Als alles vorbei war und sie sich freuten über das gelungene Spiel, pochte es plötzlich an der Tür. Sie erschraken, und keine wagte es, den Unbekannten hereinzubitten. Da rief draußen eine Stimme, die ihnen durch Mark und Bein drang: »Diejenige, welche die Katze getauft hat, soll herauskommen!« Das Mädchen weigerte sich und wollte nicht gehen, auch als die Stimme zum zweiten und schließlich zum dritten Mal sich hören ließ. Da bekamen die anderen beiden so große Angst, daß sie die Katzentäuferin mit Gewalt zur Tür hinausschoben. Draußen aber wartete bereits der Teufel, packte das Mädchen und erwürgte es auf der Stelle.

Der Schlangenbeschwörer

In der Rohrhalde bei Kiebingen befand sich einst eine Meierei, in der es viele Schlangen gab. Es waren Ottern, vier Schuh lang und armdick, aber nicht giftig. Sie lagen im Haus wie im Hof überall herum und hängten sich manchmal an die Euter der Kühe, um Milch zu saugen. Der Bauer ließ deshalb einen Schlangenbeschwörer kommen, der sie fortschaffen sollte.

Der Mann machte unter der Bodenluke der Scheune ein Feuer. Dann schlüpfte er in einen hölzernen Kasten, der alsbald verschlossen wurde. In ihm war er vor den Schlangen geschützt. Nun ahmte der Schlangenbeschwörer auf einer Pfeife den Ton des Schlangenkönigs nach. Plötzlich krochen aus allen Ecken und Ritzen Schlangen herbei, stürzten sich durch die Luke und fielen in das Feuer, wo sie jämmerlich verbrannten.

Der Schlangenbeschwörer strich seinen Lohn ein, packte seinen Kasten und zog weiter. Seitdem gibt es in der Meierei keine Schlangen mehr.

Der Lindwurm im Ammertal

Vor uralter Zeit war das Ammertal ein einziger großer Sumpf. In ihm hauste ein schrecklicher Lindwurm, ein riesiger Drache, dessen Körper von einem Schuppenpanzer umgeben war. Mit seinen scharfen Krallen ergriff er die Beute, und kam es zum Kampf, so versengte der Feueratem, der aus seinen Nüstern quoll, alles, was sich ihm widersetzte. Mit seinem langen Schwanz konnte er gewaltige Schläge austeilen, und seine scharfen Zähne zerrissen jeden Feind.

Um das Ungeheuer zu besänftigen, brachten die Bauern von Schwärzloch, Poltringen und Wurmlingen ihm jeden Tag ein Schaf zum Fraß. Reichte dies nicht, seinen Hunger zu stillen, so fiel er die Menschen an, die in Wald und Feld bei der Arbeit waren oder sich zu weit vor ihre Dörfer wagten. Immer wieder versuchten mutige Männer, das Untier zu töten, aber niemand konnte es bezwingen. Die Kinder sangen den Reim:

»Lindwurm, Lindwurm, grausiges Tier,
hascht schao drei, vier g'fressa,
den fünfta hascht em Racha,
dem sechsta wirscht's ao so macha.«

Eines Tages wollte eine Gräfin von Tübingen durch den Wald nach Jesingen gehen. Kaum aber kam sie ins Ammertal, da stürzte der Lindwurm aus dem Dickicht des Sumpfes auf sie zu und wollte sie verschlingen. Sie erschrak zutiefst und floh voller Angst den Weg zurück, Tübingen zu, verfolgt von dem Untier. Als der Drache nach ihr greifen wollte, konnte sie ihm im letzten Augenblick durch das Stadttor entkommen. Dort begegnete ihr ein Ritter auf einem stolzen schneeweißen Roß. Er fragte das zitternde Edelfräulein, warum es sich so sehr fürchte, und es berichtete von der schrecklichen Gefahr, der es mit knapper Not entronnen war.

Da schlüpfte der Ritter in ein Gewand, das war ringsum mit großen Spiegeln behängt, stieg auf sein Pferd und ritt hinaus zu dem Sumpf im Ammertal. Der Lindwurm sah ihn kommen und näherte sich neugierig der fremden Erscheinung, von deren Kleid das Sonnenlicht hundertfach zurückgeworfen wurde, als ob von ihm unzählige Blitze ausgingen. Plötzlich erblickte er sein Spiegelbild, glaubte, einen von Seinesgleichen vor sich zu haben, und kroch arglos herzu. Der Ritter aber nützte die Gelegenheit, zückte seine Lanze, suchte eine verletzbare Stelle am Rumpf des Untiers und stieß mit aller Kraft zu. Mitten ins Herz getroffen, bäumte sich der Drache auf und stürzte tot zu Boden.

Die Gräfin heiratete den mutigen Ritter, und zur Erinnerung an seine tapfere Tat ließen die Schwärzlocher ein Bildnis des Untiers in Stein hauen und an der alten Kapelle anbringen. Die Herren von Wurmlingen aber führen seitdem einen Lindwurm in ihrem Wappen.

Die Hochzeiterin

In Hailfingen lebte einst ein wunderschönes Mädchen, das hatte einen Burschen lieb, der wohl brav und hübsch war, aber wenig Vermögen besaß. Deshalb wollten die Eltern des Mädchens nicht zulassen, daß die beiden heirateten, und sie zwangen ihre Tochter, einen zum Manne zu nehmen, der war reich, aber häßlich und gar nicht liebenswert.

Das Mädchen sträubte sich bis zuletzt, und als man es in seinem festlichen Hochzeitsgewand vor den Altar führte, war es bleich wie der Tod. Wie es nun dem ungeliebten Manne das Jawort geben sollte, begann es bitterlich zu weinen, riß sich los und stürzte zur Kirche hinaus.

Man suchte nach der Entflohenen, zuerst im Dorf, dann in der Umgebung. Bald wurde zur Gewißheit, was viele befürchtet hatten: Die Unglückliche hatte sich in ihrer Verzweiflung das Leben genommen. An einer Fichte im Hailfinger Wald nahe beim Weg zwischen Oberndorf und Seebronn fand man ihre Leiche.

Seitdem wurde das Mädchen schon von vielen in jenem Waldstück gesehen. Es war wie zur Hochzeit gekleidet und trug eine mit Gold und Silber geschmückte Krone. Deshalb nannte man es auch »die Hochzeiterin«. Sie tat niemandem etwas zuleide, der sie in Ruhe ließ, wenngleich manche erzählen, sie seien von ihr im Wald in die Irre geführt worden.

Einmal aber fuhr ein Bauer des Nachts mit seinem Sohn von Seebronn nach Oberndorf, wo er zu Hause war, und wie sie an jenem Fichtenbaum vorbeikamen, sprach er zu seinem Jungen: »Sieh her, dort ist der Platz, wo sich die Hochzeiterin aufgehängt hat. Die ist ihrem Bräutigam vom Altar weg davongelaufen. Das muß doch ein übles Frauenzimmer gewesen sein!«

Kaum hatte er das gesagt, da stand die Hochzeiterin in ihrem ganzen Schmucke vor ihnen, packte den Bauern, warf ihn zu Boden und zerkratzte ihm das Gesicht. Dann riß sie die zwei vorderen Wagenräder von den Achsen und schleuderte sie weit in den Wald hinein. Dem Sohn, der dies alles stumm mitangesehen hatte, tat sie nichts, sondern verschwand, wie sie gekommen war.

Als die beiden sich von ihrem Schrecken erholt hatten, suchten sie die Wagenräder und zogen still weiter. Der Bauer aber sprach nie mehr etwas Böses über die Hochzeiterin.

Kurze Zeit später war der Hailfinger Waldschütz, ein recht grober und unerschrockener Kerl, auf einer Hochzeit bei Verwandten in Wendelsheim. Als er auf dem Heimweg durch den verrufenen Wald kam, vernahm er, wie jemand in der Nähe Bäume fällte. Er rief laut: »He, was isch do los?« Doch der Fremde hörte nicht auf, mit der Axt auf die Stämme einzuschlagen. Da bahnte sich der Waldschütz einen Weg durch das dichte Unterholz. Plötzlich sah er eine Frau vor sich stehen. Wütend rief er: »Wenn du net glei aus em Wald goscht, no schlag i dir s'Hirn nei!« Doch da warf ihn die Frau zu Boden und verprügelte ihn so fürchterlich, daß er mehrere Stunden lang ohnmächtig liegen blieb.

Als er endlich wieder zu sich kam und aufblickte, stand die Hochzeiterin vor ihm. Da erhob sich der Waldschütz und schlich still nach Hause.

Die ungetreuen Feldrichter

Die Feldrichter mußten einst Felder und Wälder vermessen und die Grenzsteine setzen. Unter ihnen gab es auch ein paar Gesellen, die sich bestechen ließen und manchen Bauern halfen, auf einfache Weise ihren Besitz zu vergrößern, während andere böse betrogen wurden. Dieses Vergehen, sagte man, sei besonders schlimm, weil es nicht nur darum gehe, daß ein Streifen Land in die falschen Hände komme, sondern auch, was darüber und darunter sei, daß also Himmel und Erde betrogen würden. Deshalb fanden jene ungetreuen Feldrichter nach ihrem Tod keine Ruhe.

Auf der Rottenburger Markung sah man einst des Nachts sieben Feldrichter zwischen der Sülchenkirche und Hirschau herumlaufen. Sie mußten mit feurigen Stäben alles nachmessen, was sie zu Lebzeiten ungerecht vermessen hatten. Wer sie ansprach und neckte, nach dem schlugen sie mit ihren Stäben. Dämmerte der Morgen, dann sah man sie dem Gottesacker bei Sülchen zulaufen und dort verschwinden.

Zwischen Schwärzloch und dem Ammerhof bei Tübingen konnte man zur Weihnachtszeit fünf Feldrichtern begegnen. Der eine maß mit einer feurigen Stange das Feld, der zweite haute mit dem Pickel ein Loch, der dritte schaufelte die lose Erde heraus, ein vierter trug einen Grenzstein herbei und setzte ihn in die Grube, und ein fünfter hielt ein Blatt in der Hand, auf das er etwas schrieb. Die fünf arbeiteten eine Zeitlang friedlich zusammen, dann aber bekamen sie regelmäßig Streit, schimpften und fluchten und schlugen schließlich aufeinander ein, daß die Funken stoben. Während dieser Zeit blieb deshalb jeder dem Ammertal fern.

Auch bei Bühl hörte man einst in der Nacht einen Feldrichter schreien. Er trug einen schweren Markstein auf der Schulter und rief fortwährend: »Wo soll ich ihn hintun? Wo soll ich ihn hintun?« – »Narr, wo du ihn weggenommen hast!« rief ihm einmal jemand zu. Da sagte der Geist: »Gottlob, nun bin ich erlöst!« und trug seinen Stein eilends davon. Seitdem hat man ihn nie mehr gesehen oder gehört.

Rottenburger Sagen
S. MARTIN

Die Geister im »Kaiser« zu Rottenburg

Zum Gasthaus »Kaiser« in Rottenburg gehört eine alte Kapelle, in welcher alljährlich einmal am Sonntag nach dem 8. September ein Gottesdienst gehalten wird. Damit hat es eine besondere Bewandtnis:

Es wird erzählt, in dem alten Wirtshaus gingen Geister um. Hausbewohner wollen einen hageren Mann und eine Frau gesehen haben. Auch hörte man im Schlafzimmer seltsame Geräusche. als ob jemand suchend herumtappe, in Pantoffeln über den Boden schlurfe oder den Kamin herunterrutsche. Zudem wird berichtet, in alten Kaufbriefen sei vermerkt, daß alle Schätze, die im Haus gefunden würden, dem jeweiligen Besitzer gehörten, denn man glaubte fest, daß in dem alten Gemäuer Reichtümer verborgen seien und von Geistern bewacht würden.

Wurde der Gasthof verkauft, so schärfte der alte Besitzer dem neuen ein, nur ja den Gottesdienst nicht zu vergessen. Auf diesen Brauch achtete jeder, und viele Jahre lang blieb alles ruhig.

Einmal aber sollte die hölzerne Treppe, die von außen in die Holzkapelle führte, durch eine aus Stein ersetzt werden. Obwohl der Hausherr die Maurer zur Eile drängte, war die Arbeit noch nicht fertig, als jener Sonntag nahte, und der Gottesdienst mußte zum ersten Mal unterbleiben.

Doch der Tag verging wie jeder andere, und auch in der folgenden Woche blieb alles still. Als aber am zweiten Sonntag der Gottesdienst wieder nicht abgehalten wurde, da brach mitten in der Nacht ein entsetzliches Gerumpel und Gerassel los. Es war, als ob beständig schwere Ketten vom Dach herabgelassen würden. Alles erwachte voller Schrecken, und die Pferde im Stall zitterten und schnaubten und stampften, daß der Knecht voller Angst zu seinem Herrn lief und ihn flehentlich bat, die Geister durch Abhaltung eines Gottesdienstes zu beschwichtigen. Dies geschah auch sofort, und alsbald wurde es still.

Das Muttergottesbild im Weggental

Dort wo heute die Wallfahrtskirche im Weggental bei Rottenburg steht, befand sich einst ein Bildstöcklein mit einem Muttergottesbild. Als nun einmal ein Bauer aus Remmingsheim zum Rottenburger Markt fuhr, kam er auf dem Heimweg an jenem Bildstock vorbei. Er betrachtete die Schnitzerei und dachte, das sei ein hübsches Spielzeug für seine Kinder. Rasch blickte er sich um, und als er sah, daß niemand ihn beobachtete, nahm er das Bildwerk und steckte es in seinen Sack. Als er aber daheim seine »Marktkromet« hervorholen und den Kindern zeigen wollte, war der Sack leer. Da glaubte der Bauer nichts anderes, als daß er die Figur auf dem Weg verloren hätte.

Wie er aber einige Zeit später wieder nach Rottenburg unterwegs war und an dem Bildstock vorbeikam, sah er zu seiner Verwunderung das Bildnis am alten Platze stehen. »Sicher hat's einer gefunden und zurückgebracht«, dachte er, nahm es von der steinernen Säule und trug es behutsam heim. Als er jedoch anderntags danach schaute, war die Figur abermals verschwunden.

Nun ärgerte er sich darüber, daß ihm einer einen Streich gespielt hatte und gedachte, die Sache, die er sich einmal in den Kopf gesetzt, geschickter anzufangen. Also lud er seine Kleidertruhe auf den Wagen, fuhr das Weggental hinunter zum Bildstock und fand auch wirklich das Bildnis wieder am alten Platz. »Wart, ich will dir das Austreiben verleiden! Wir wollen doch sehen, wer von uns beiden Meister ist!« brummte er, legte die Schnitzerei in die Truhe, schloß diese zu und verwahrte den Schlüssel sorgfältig.

Anderntags aber war zu seinem Entsetzen die Truhe leer, und als er das Weggental hinablief, um nach dem Bildstock zu schauen, da wunderte es ihn kaum mehr, daß er die Muttergottes wieder auf der steinernen Säule fand.

Verwirrt und beschämt machte er sich auf den Heimweg, und erst nach einiger Zeit erzählte er Freunden und Nachbarn, was er erlebt hatte. Die berichteten es weiter, und bald war die wunderliche Geschichte des Heiligenbildes in der ganzen Gegend bekannt. Viele Leute kamen zu dem Bildwerk, um es zu betrachten und vor ihm zu beten, und schließlich erbaute man an jener Stelle im Weggental zu Ehren der Muttergottes eine Wallfahrtskirche.

Der Hexentanz auf dem Heuberg

In Derendingen erzählte man sich früher, auf dem Heuberg bei Rottenburg kämen freitags in der Nacht die Hexen zusammen und tanzten um einen großen, knorrigen Apfelbaum, den man das »Hexenbäumle« nennt. Ein enger Weg, der zu jenem Ort führt, heißt das »Hexengäßle« und der alte Turm auf der Höhe der »Hexenturm«. Von ihm berichtet die Sage folgendes:

Ein Bauer aus Seebronn war zu Besuch in Rottenburg gewesen. Als er auf dem Heimweg spät in der Nacht am Heuberger Turm vorbeikam, vernahm er plötzlich eine wunderschöne Musik, die aus dem alten Gemäuer drang. Neugierig trat er näher. Da bemerkte er, daß das Turminnere, in dem sonst nur alte und morsche Balken herumlagen, in prächtige Säle verwandelt war. Dort wimmelte es von vornehmen Gästen, die an reich gedeckten Tafeln saßen und aus kostbaren Tellern und Bechern die besten Speisen und Getränke sich munden ließen oder einen wilden Reigen tanzten.

Der Bauer war ganz verwirrt über diese Herrlichkeit; als man ihm aber auch zu essen und zu trinken anbot, setzte er sich und ließ sich's schmecken. Das bunte Treiben um ihn war so kurzweilig, daß er darüber die Zeit vergaß. Plötzlich aber fiel ihm ein, daß man zu Hause auf ihn wartete. Da sagte er laut vor sich hin: »O Jesses, jetz muoß i doch ao amol hoamgao!«

Kaum aber hatte er »O Jesses« gesagt, da waren Gäste und Musik verschwunden, und tiefe Finsternis umgab ihn. Er spürte, daß er nicht mehr in einem gepolsterten Sessel saß, sondern auf einem harten Balken, und als er aufstehen wollte, kam er nicht los. Da fing er jämmerlich an zu schreien und um Hilfe zu rufen.

Zum Glück kamen einige Leute vorbei. Sie hörten den Lärm, stiegen in den Turm und sahen im Schein ihrer Laterne den Bauern rittlings auf einem Balken sitzen. Er berichtete, was geschehen, und man half ihm herab und brachte ihn nach Hause. Anderntags ging der Bauer aufs Rathaus und gab dort die Geschichte zu Protokoll. Das Schriftstück soll bis zum heutigen Tag in Seebronn aufbewahrt sein.

Die Teufelsglocke

Der Bauer Wendelin aus Rottenburg war ein recht frommer Mann. Wenn er auf seinem Feld pflügte und das Glöcklein der Sülchenkirche zur Messe rief, ließ er die Arbeit ruhen und ging in das Gotteshaus. Kam er aber danach wieder auf seinen Acker, dann merkte er, daß während seiner Abwesenheit ein anderer gepflügt hatte, und er glaubte, niemand anderes als ein Engel könne dies gewesen sein. Aus Dankbarkeit beschloß Wendelin daher, an dem Platz ein Kirchlein zu bauen und es dem heiligen Theoderich zu weihen. Die Kapelle, die »Todris«, wie sie die Leute nennen, steht heute noch nahe der Straße von Rottenburg nach Seebronn und Wendelsheim.

Als nun das Kirchlein samt dem Glockenturm fertig war, reichte dem Bauern das Geld nicht mehr für eine Glocke, und er war darüber sehr traurig. Eines Nachts aber erschien der Teufel bei ihm in der Schlafkammer und versprach, eine Glocke aus der Heiligen Stadt zu holen. Wendelin hatte gleich gemerkt, wer da bei ihm zu Gaste war, und fragte nach dem Preis. Da wurde der Teufel verlegen und sagte schließlich, die erste Seele, die aus der neugeweihten Kapelle komme, müsse ihm gehören. Der Bauer besann sich und stimmte endlich zu unter der Bedingung, der Teufel müsse mit der Glocke da sein, ehe die erste

heilige Messe in dem Kirchlein zu Ende sei. Wie der Blitz fuhr daraufhin Luzifer durch die Lüfte davon, der Heiligen Stadt zu. Als er aber auf dem Rückweg von Rom über den Bodensee flog, entriß ihm Petrus die Glocke und warf sie in den See. Der Teufel begann zu suchen und wühlte dabei so wild in den Fluten, daß das Wasser ganz trüb wurde. Als er schließlich sah, daß alle Mühe vergeblich war, flog er hinüber zum nahen Ravensburg, stahl dort die Glocke vom Mehlsackturm und trug sie eilend zur Todris.

Wie er aber dort ankam, war die heilige Messe längst zu Ende. Da ärgerte sich der Teufel und warf die Glocke so heftig gegen den Giebel des Kirchleins, daß sie einen Sprung bekam. Lauscht man ihrem Geläute, so kann man es deutlich hören.

Der Geiger beim Hexentanz

Ein Geiger war einmal spät nachts auf dem Heimweg von Bühl nach Rottenburg. Er hatte auf einer Hochzeit wacker gespielt und freute sich, bald zur Ruhe zu kommen. Als er nun bei der Galgenbrücke anlangte, wo früher das Hochgericht abgehalten wurde, sah er plötzlich am Weg ein großes, festlich erleuchtetes Haus stehen. Er betrachtete es und wunderte sich darüber, daß ihm das stattliche Gebäude so fremd war. Da trat eine vermummte Gestalt auf ihn zu und bat ihn, hereinzukommen und zum Tanz aufzuspielen, man wolle ihn gut belohnen.

Weil der Geiger müde war und ihm alles so merkwürdig vorkam, zögerte er zunächst; der versprochene Verdienst aber lockte ihn, und er folgte der Gestalt. Sie führte ihn eine Treppe hinauf in einen prächtigen Festsaal, der von unzähligen Kerzen beleuchtet war. Lustige Musik ertönte, und eine ausgelassene Gesellschaft tanzte einen wilden Reigen.

Der Geiger gesellte sich zu den Musikanten, strich tüchtig seine Fidel und schaute den Tanzenden zu. Plötzlich bemerkte er, daß sie allesamt Pferde-, Bocks- und Gänsefüße hatten. Da erkannte er, in welche Gesellschaft er geraten war, und er erschrak zutiefst.

In seiner Not fing er an, mit kräftigen Strichen den Choral »Jesus, meine Zuversicht« zu spielen. Da war plötzlich aller Spuk verschwunden, und tiefe Dunkelheit umfing ihn. Er tastete nach einem Stein am Wegrand, um auszuruhen und auf den Morgen zu warten.

Als es dämmerte sah er mit Entsetzen, daß er auf dem Galgen des Hochgerichts saß.

Das Geldmännle der Jesuiten

Das alte Schloß in Bühl hat eine bewegte Geschichte. Einst österreichisches Lehensgut, wurde es von einem Edelfräulein geerbt, das es der Sage nach in einer einzigen Nacht verspielte. So kam es an die Freiherren von Ehingen in Kilchberg, die es später an die Jesuiten in Rottenburg verkauften. Manche wunderten sich damals über diesen Besitzerwechsel, denn jenes Jesuitenkloster erwarb nicht nur das Schloß, sondern auch viele Ländereien.

Während dieser Zeit sollte einmal ein Knecht aus Bühl den Jesuiten eine Ladung Bier, das sie im Schloßkeller gelagert hatten, nach Rottenburg bringen. Er bekam einen Brief mit an den Rektor, und weil die Tage heiß waren, machte er sich in aller Frühe auf den Weg.

So kam er schon gegen fünf Uhr, als es noch finster war, in der Stadt an. Zunächst wollte er das Schreiben abgeben, fand auch gleich das Haus des Rektors, wunderte sich aber, daß alle Türen offen standen, obwohl man noch zu schlafen schien. Er trat in den Flur, und sah dort eine ganze Reihe von Zubern stehen, vor denen ein kleines Männlein emsig hin und her lief.

Die Sache kam ihm merkwürdig vor; er verließ eilends das Haus und weckte den Wärter an der Pforte. Als die beiden zurückkehrten, war das Männlein mitsamt den Zubern verschwunden. Sie hörten aber ein so gewaltiges Poltern, daß sie meinten, das ganze Kloster würde einstürzen.

Man sagt, das Männlein wäre niemand anders als der Teufel gewesen, den die Jesuiten zwangen, ihnen Geld zu beschaffen. Deshalb sei das Kloster auch so reich gewesen.

Die Schlange und das Kind

Ein Weingärtner aus Rottenburg mußte oftmals sein Kind allein zu Hause lassen, wenn er frühmorgens in den Weinberg ging. Er stellte dann einen Napf mit Milch neben das Bettchen und legte ein Stück Brot dazu. Erwachte das Kind, so stand es auf und ließ sich das Frühstück schmecken.

Eines Morgens nun kam eine Schlange zum offenen Fenster herein, kroch zu der Schüssel hin und aß mit. Das Kind ließ es geschehen und hatte seine Freude an dem Tier. Die Schlange erschien daraufhin regelmäßig, doch niemand wußte von dem seltsamen Gast.

Eines Tages aber hörte eine Frau, die draußen vorbeiging, daß das Kind mit jemandem sprach. Neugierig schaute sie in die Stube und sah, wie das Kind der Schlange mit dem Löffel auf den Kopf schlug. Dabei sagte es vorwurfsvoll: »Iß et no Ilk, iß ao Ickla!«

Schnell holte die Frau den Polizeidiener. Der schoß das Tier tot. Das Kind aber brach in Tränen aus, als man ihm die Schlange nahm, und klagte noch lange darüber.

Der Irrgeist

An einem Nachmittag im Winter fuhr einst ein Rottenburger Bauer mit dem Mistwagen zu seinem Acker, der eine halbe Stunde Wegs Hirschau zu lag. Als er seine Arbeit getan hatte und in der Dämmerung heimkehren wollte, erschien plötzlich ein fremdes kleines Männlein, griff den Pferden in die Zügel und lenkte das Fuhrwerk kreuz und quer über die Felder. Der Bauer schimpfte, fluchte wie wild und drohte mit der Peitsche, das Männlein aber ließ sich nicht fortjagen. So kam es, daß der Rottenburger erst am andern Morgen wieder in die Stadt zurückkehrte.

Der hinkende Hase

Bei Wolfenhausen in der Nähe von Rottenburg spielten einmal ein paar Buben auf der Weide. Einem fiel ein, man könne Gericht halten, und weil er der Keckste war, hatte er auch nichts dagegen, die Rolle des Angeklagten zu übernehmen und schließlich zum Tod am Galgen verurteilt zu werden. Ein Strick fand sich bald, und die Buben gingen hinüber zu der alten Eiche, stiegen auf einen Felsbrocken und knüpften das Seil an einen der niederen Äste. Dann wurde dem »Bösewicht« mit aller Feierlichkeit der Strick um den Hals gelegt. Der gebärdete sich recht wild, wehrte sich zum Schein und begann schließlich zur Erheiterung seiner Freunde heftig zu würgen, die Zunge herauszustrecken und die Augen zu verdrehen, als ob wirklich sein letztes Stündlein geschlagen hätte.

In dem Augenblick sahen die Buben einen Hasen daherlaufen, der hatte nur drei Beine und hoppelte ganz merkwürdig. Da vergaßen sie ihr Spiel, sprangen von dem Stein und liefen dem Tier nach. Aber immer wenn sie ihm nahe waren und meinten, sie könnten ihn packen, schlug der Hase einen Haken und entkam.

Endlich mußten sie die Jagd aufgeben, und sie kehrten zurück zu ihrem Spiel. Da erst merkten sie, daß ihr Kamerad fehlte, und als sie zu der Eiche kamen, fanden sie ihn tot am Stricke hängen. Er hatte sich anscheinend befreien wollen und war dabei von dem Felsen geglitten.

Lange noch sprach man in Wolfenhausen von dem Unglück, und manche meinten, der dreibeinige Hase sei niemand anderes als der Teufel gewesen, der die Buben in ihrem Spiel gestört und das Unglück verschuldet hätte.

Der Silberschatz

Alte Leute kennen auf der Rottenburger Markung im Heuberger Feld, das zwischen dem Heuberg, dem Dorfe Wendelsheim und dem Heuberger Hof liegt, einen Ort, an dem sich alljährlich etwas Merkwürdiges ereignet:

Plötzlich öffnet sich die Erde, und aus ihrem Innern hebt sich ein Haufen Silbergeld empor, so groß wie ein halbeimriges Faß. Neben dem Schatz aber steht ein Soldat mit blankem Säbel.

Schon oft sahen Leute, die in der Nähe auf dem Feld arbeiteten, den Schatz auftauchen und verlockend in der Sonne glänzen. Liefen sie aber hinzu, so versank das Geld vor ihren Augen unter fürchterlichem Gerassel wieder im Boden, und danach war auch der Soldat verschwunden.

Spreu wurde zu Gold

Ein Bub aus Rottenburg mußte einmal seinem Vater das Essen aufs Feld bringen. Unterwegs fand er neben der Straße einen Haufen Spreu, und weil es so schön glänzte, lief er hinzu, spielte damit und steckte schließlich eine Handvoll davon in die Tasche.

Der Vater schimpfte, als sein Sohn so spät auf das Feld kam, und fragte streng nach dem Verbleib. Da erzählte der Bub von der glänzenden Spreu und holte aus der Tasche, was er eingesteckt hatte. Voller Verwunderung bemerkten die beiden, daß aus der Spreu lauter blanke Goldstücke geworden waren.

Eilends ließ sich der Vater den Platz zeigen, wo der Spreuhaufen gelegen hatte, aber nicht einmal eine Spur war davon geblieben.

Der verborgene Schatz

Bei Niedernau soll einst eine Burg gestanden haben, und in ihren Verliesen, so erzählt die Sage, sei noch heute ein Schatz verborgen.

Es ist schon viele Jahre her, da wanderte ein Dettinger Bauer auf dem Heimweg an der Niedernauer Mühle vorbei das »Siebentäle« hinauf. Wie er nun an den Ruinen der alten Burg vorbeikam, begegneten ihm plötzlich ein Herr und eine Dame in altertümlicher Tracht, die redeten ihn an und baten ihn, mit ihnen zu gehen. Sie versprachen ihm viel Geld, wenn er bereit wäre, sie zu erlösen. Da erschrak der Bauer, denn er merkte, daß er es mit Geistern zu tun hatte, die durch einen Fluch gebannt worden waren. Er bat um acht Tage Bedenkzeit und machte sich betroffen auf den Heimweg.

Zu Hause erzählte er niemandem von der seltsamen Begebenheit, ging viel zur Kirche, vermachte seinen Kindern Haus und Hof, gerade, als wolle er sich auf ein baldiges Ende vorbereiten.

Als die Frist abgelaufen war, begab er sich hinauf zu der Ruine, und wie er sich dort umschaute, fand er eine Öffnung im Gemäuer, die hinunterführte in die Finsternis der Kellerräume. Er faßte sich ein Herz und stieg hinab. Als sich seine Augen an das Dunkel gewöhnt hatten, entdeckte er in der hintersten Ecke eine riesige Geldtruhe, auf der lag ein schwarzer Pudel, der ihn mit feurigen Augen anglotzte.

Der Bauer dachte: »Jetzt habe ich so viel gewagt; da will ich auch vollbringen, was von mir verlangt wird«, ging auf das Tier zu und wollte es von der Truhe scheuchen. Aber der Pudel fletschte die Zähne, knurrte und bellte und fuhr so wütend auf ihn los, daß der Bauer, von Entsetzen gepackt, davonlief und nicht innehielt, bis er die Haustür hinter sich zuschlagen konnte. Daheim aber legte er sich zu Bett, sprach kein Wort, aß nicht und trank nicht, und als man anderntags nach ihm schaute, war er tot.

Sagen
vom
Steinlachtal und Rammert

Die Hexe und das Kind

Eine Frau aus Derendingen hatte ein Kind geboren, und weil sie lange krank war, mußte man die Taufe immer wieder verschieben. Als nun eines Nachts die Mutter aufwachte und ihr Kleines stillen wollte, war sein Bettchen leer. Sie stand eilends auf, suchte und rief, aber das Kind blieb verschwunden.

Schließlich graute der Morgen, und ihr Mann kam von einem Botengang zurück, den er hatte tun müssen. Ihm klagte sie nun ihre Angst. Der Mann indes meinte, das Kind könne nur von einer Hexe gestohlen worden sein. Weil er im Garten das Geschrei von Katzen zu hören glaubte, nahm er einen Säbel und ging hinunter. Und wirklich fand er hinter dem Holderstrauch sein Kind sitzen, umgeben von vielen Katzen. Die gebärdeten sich ganz wild, als er sie mit seinem Säbel verscheuchen wollte, fauchten giftig und sprangen ihn an. Ihre Krallen zerfetzten seine Kleider. Er jedoch packte das Kind und rannte mit ihm zum Haus zurück. Aber zwei der Katzen ließen sich nicht abschütteln und verfolgten ihn bis zur Haustür. Dort sprang plötzlich die eine auf ihn los und hätte ihm sicher das Kind entrissen, wenn er nicht mit seinem Säbel der Bestie einen kräftigen Hieb gegen die Brust hätte versetzen können. Da ließ sie von ihm ab und schleppte sich davon.

Anderntags erfuhr man, daß die Nachbarsfrau mit einer schweren Wunde auf der Brust darniederlag. Da wußte der Mann, wer die Hexe war.

Die Hexenfahrt

Einem Knecht in Derendingen fiel auf, daß die Bäurin freitagnachts nie zu Hause war, und er hegte den Verdacht, die Frau sei eine Hexe. Um Gewißheit zu haben, blieb er einmal am Donnerstagabend still hinter dem Ofen sitzen, als die andern zu Bette gingen, und löschte die Kerze. Stunden vergingen, und nichts geschah. Aber als es Mitternacht schlug, ging leise die Tür auf, und die Bäurin trat in die Stube. Sie langte nach der Ofengabel, holte Fett aus einem Topf und bestrich damit den Gabelstiel. Dazu murmelte sie:

»Oba 'naus
ond neanads 'na!«

Dann setzte sie sich auf die Ofengabel und flog zum Schornstein hinaus.

Der Knecht hatte alles genau beobachtet, und weil er ein kecker Bursche war, wollte er die Sache auch ausprobieren, holte sich eine andere Gabel und bestrich sie mit der Salbe aus dem nämlichen Hafen. Weil er aber überall hinreiten wollte, änderte er das Sprüchlein und sagte:

»Oba 'naus
ond überall 'na!«

Sofort flog er empor, aber schon im Schornstein wurde er so jämmerlich gegen die Wände und Ecken geworfen und auf seinem Flug durch die Luft so derb gegen alle Bäume, Zäune und Häuser gestoßen, daß er ganz zerschunden auf dem Heuberg ankam. Dort erst konnte er von der Ofengabel springen, und er irrte stundenlang durch die Dunkelheit, bis er den Heimweg nach Derendingen fand.

Der Geißritt

In dem Dorfe Derendingen lebten einst zwei Schneider. Der eine von ihnen war ein Hexenmeister und fehlte bei keiner großen Hexenversammlung. Der andere hatte vom sonderbaren Treiben seines Zunftgenossen gehört und bat jenen, auch einmal zum Hexentanz mitgenommen zu werden.

Als die Zeit gekommen war, trafen sich die beiden in der Nacht vor dem Stalle des Hexenmeisters. Der setzte sich auf seine Geiß und überließ seinem Freund den Geißbock. Ehe die Reise aber losging, gebot er ihm, unterwegs kein Wort zu reden.

So ritten die beiden denn stillschweigend dahin, über Felder und Wälder, Täler und Höhen, der Hexenmeister voran, der andere hinterher. Da kamen sie an einen breiten Strom. Der Hexenmeister setzte mit seinem Tier in einem solch gewaltigen Sprung hinüber, daß der andere Schneider voller Verwunderung ihm nachrief: »Gotts Blitz, wenn dei Goas schau so Spreng macht, wia wurd mae Bock aerscht sprenge!«

Kaum hatte er geendet, da plumpste der Schneider, dessen Tier eben zum Sprung angesetzt hatte, ins Wasser, der Bock aber war verschwunden. Mühsam konnte er sich ans Ufer retten und brauchte viele Tage, bis er zu Fuß den Weg nach Hause hinter sich gebracht hatte.

Die Weilheimer Kirchweih

Zur Kirchweihzeit kamen einmal zwei Bettler in die Tübinger Gegend. Als sie die beiden Dörflein Weilheim und Derendingen vor sich liegen sahen, wußten sie nicht, wohin sie sich zu Gast laden sollten. Da machten sie aus, der eine solle nach Weilheim, der andere nach Derendingen. Am Abend des Kirchweihsonntags aber wollten sie sich an jenem Platz wieder treffen und redlich teilen, was sie erbettelt hatten.

Die Derendinger waren recht freigiebig, und der eine Bettler konnte kaum schleppen, was er alles geschenkt bekommen hatte. Seinem Gesellen aber ging es in Weilheim übel. An vielen Türen wurde er mit barschen Worten weggeschickt, und nur hin und wieder reichte man ihm ein Stück altes Brot oder ein paar angefaulte Kartoffeln.

Als sich die beiden wieder trafen und ihre Beute am Weg ausbreiteten, um zu teilen, da ärgerte sich der reich beschenkte Bettler, an seinen Gesellen so viel abgeben zu müssen. Jener aber bestand auf der Abmachung. Ein böses Wort gab das andere, und schließlich schlugen die beiden so wütend aufeinander los, bis einer tot liegen blieb.

An jenem Ort, dort, wo die Straße nach Derendingen abzweigt, pflanzte man später zum Gedenken an die Tat eine Linde. Seit jenem Vorfall aber wird in Weilheim keine Kirchweih mehr gefeiert. Die einen sagen, man hätte es den Bauern verboten, weil sie so geizig gewesen seien. Andere behaupten, die Weilheimer hätten den Verzicht selbst beschlossen als Sühne für ihre einstige Hartherzigkeit.

Die Schlange in der Steinlach

Ein Bauer aus Derendingen hatte schon des öfteren eine Schlange beobachtet, die auf ihrem Kopf ein wunderschönes goldenes Krönlein trug. Das seltsame Tier kroch meist hinunter zur Steinlach, um im kühlen Wasser zu baden. Zuvor aber legte es das Krönlein immer auf einen der Ufersteine.

Als der Bauer wieder einmal das kleine Ding im Sonnenlicht blitzen sah, gelüstete es ihn danach. Er holte sein schnellstes Pferd aus dem Stall, gebot seinem Knecht, das Scheunentor zu öffnen und dort zu warten und ritt hinunter zum Bach. Das goldene Krönlein lag noch an seinem Platz. Rasch beugte er sich hinab, langte danach und jagte davon.

Die Schlange aber merkte den Diebstahl sofort und glitt blitzschnell hinter ihm her. Gerade noch konnte der Bauer sein Pferd durch das offene Scheunentor treiben, da war die Schlange ihm schon auf den Fersen. Der beherzte Knecht aber warf das Tor zu und zerquetschte das Tier unter dem Türflügel.

Der Bauer konnte das goldene Krönlein verkaufen und wurde steinreich.

Das Mädchen vom Steinlachtal

In einer Mühle bei Mössingen oder Nehren lebte einst ein wunderschönes Mädchen. Sein Vater, der Müller, hatte unter der Willkür eines bösen Nachbarn arg zu leiden. In seiner Not wandte er sich an den Lehnsherrn des Orts, den Grafen von Zollern, der ihm auch zu seinem Recht verhalf. Bei seinen Besuchen in der Mühle hatte der Graf die schöne Jungfer kennengelernt und liebgewonnen. Auch das Mädchen verehrte und liebte den stolzen Herrn, dem seine Familie so viel Dank schuldete.

Eines Tages kam es zum Streit zwischen Friedrich und seinen Nachbarn. Die Zollerburg wurde von den Feinden eingeschlossen. Der Graf hatte nicht mit einer langen Belagerung gerechnet, und allmählich gingen die Vorräte zu Ende. Man dachte schon an Übergabe, als eines Nachts etwas Seltsames geschah: Dem Grafen wurde gemeldet, man habe an einer versteckt liegenden Pforte ein leises Klopfen vernommen. Als er das Törlein vorsichtig öffnen ließ, denn man vermutete eine List der Feinde, schlüpfte die Müllerstochter in die Burg, keuchend vom beschwerlichen Aufstieg, die Hände zerschunden von den scharfen Felskanten, aber glücklich, unbemerkt von den Feinden zu ihrem Geliebten gelangt zu sein. Sie hatte einen Sack voll Lebensmittel heraufgeschleppt zur Freude der Burgleute, deren Not damit gelindert werden konnte.

Das Mädchen wagte noch des öfteren den gefährlichen Gang zur Burg, um die Belagerten mit Nahrung zu versorgen. Die Feinde wunderten sich, daß jene so lange dem Hunger trotzen konnten, und entschlossen sich zum Sturm.

Als die Müllerstochter von dem Plan erfuhr, schlich sie sich wieder hinauf zur Burg, diesmal mit einem Sack voll Schießpulver, das sie in Wundsalbenbüchsen gefüllt hatte.

Es war in der Nacht zum Dreikönigstag. Der Mond stand am klaren, kalten Winterhimmel, und sein Schein tauchte die Winterlandschaft in ein gespenstisches Licht. Vorsichtig tastete sich das Mädchen den Schleichweg hinauf zur Burg, schleppte den schweren Sack über die eisglatten Felsen und glaubte schon, aller Gefahr entronnen zu sein, da glitt es aus und stürzte einige Meter in die Tiefe.

Die Wachen der Feinde hatten den Fall bemerkt und eilten mit Fackeln hinzu. Sie fanden das Mädchen bald, banden es und brachten es ins Lager. Man fragte nach seinem Treiben. Die Jungfer schwieg zwar beharrlich, aber der Sack verriet ihr Tun.

Was mit ihr geschah, weiß heute niemand mehr, und dunkel ist auch das fernere Schicksal der Burgleute. Vom Mut und der Treue des Mädchens aber erzählen heute noch die Leute im Steinlachtal.

Das Singental

Hinter Bühl zwischen Rottenburg und Tübingen zieht sich ein Tal in das waldige Bergland des Rammert hinein, das man das Singental nennt.

Die Sage erzählt, daß einstens ein Graf von Hohenberg in jenem Wald auf der Jagd war.

Wie er nun einem Hirsch nachstellte, hörte er plötzlich in der Ferne eine Stimme, die sang so schön, daß er ergriffen innehielt und meinte, einen himmlischen Gesang zu vernehmen. Der Graf stieg vom Pferd und bahnte sich einen Weg durch das Dickicht. Auf einmal tat sich vor ihm der Wald auf, und er erblickte die Sängerin, ein Bauernmädchen, das Beeren pflückte.

Das Kind erschrak, als es den Fremden aus dem Gebüsch treten sah, und wollte davonlaufen. Der Graf aber redete es freundlich an und bat, seinem Liede weiterhin lauschen zu dürfen. Allmählich verlor das Mädchen alle Scheu und setzte seinen Gesang fort. Der gefiel dem Grafen so sehr, daß er beschloß, der Sängerin eine besondere Gnade zu erweisen. »Stelle dich an jene Birke und singe dein Lied noch einmal!« bat er, »und so weit der Klang deiner Stimme reicht, so weit soll das Land dein sein.«

Das Mädchen erfüllte gern die Bitte des Grafen, und sein Lied schwang rein und klar über die Lichtung und die Wipfel der Bäume hinweg, bis es sich in der Ferne verlor. So bekam es das ganze schöne Waldstück zu eigen, und zur Bestätigung der Schenkung reichte der Graf dem Mädchen seinen Siegelring. Das Tal aber heißt seitdem im Volksmund das »Singental«.

Die roten Männlein

Einst sollen in dem Waldstück zwischen Derendingen und Kreßbach, dem »Köhlerhau«, zwei oder drei kleine Männlein gehaust haben, die man nach dem Flurnamen hieß oder auch »rote Männlein« nannte, weil sie ein feuerrotes Gewand und eine ebensolche Zipfelmütze trugen. Man konnte den kleinen Geistlein dort tags und nachts begegnen, doch tat man gut daran, ihnen aus dem Weg zu gehen, denn es waren recht boshafte Gesellen. Sie führten die Wanderer irre, erschreckten die Beerensammlerinnen und spielten auch manchmal den Holzhauern einen bösen Streich.

Häufig kamen sie sogar nach Derendingen in die Häuser, ärgerten und quälten die Leute und freuten sich, wenn sie jemandem Angst einjagen konnten. Als einmal ein Knecht den Pferden im Stall Futter geben wollte und zwischen zwei Tiere kam, schlüpfte ein rotes Männlein zur Stalltür herein und erschreckte die Gäule, daß sie sich zusammendrängten und den Burschen zerquetschten.

Ein andermal, als die Derendinger beim Hanfbrechen waren, kam plötzlich aus der Hanfdörre ein rotes Männlein gekrochen und schnitt eine Fratze, daß alles aufschrie und davonlief.

Auch konnten sich die Geistlein in Tiere verwandeln, etwa in Hunde oder Katzen, die dann Menschen anfielen oder ihnen vor die Füße liefen, daß jene stolperten und stürzten.

Wohin die roten Männlein verschwanden, weiß niemand, aber die Derendinger sind froh, sie loszuhaben.

Der Knabe und der Teufel

In Bodelshausen bei Tübingen lebte einst ein Mann, der hatte sechs unmündige Kinder, als ihm die Frau wegstarb. Er mußte wieder eine Mutter für die Kleinen finden. Aber das Weib, das er heiratete, war gar zänkisch und böse und eine rechte Rabenmutter. Sie quälte den Mann und die Kinder und wünschte oft alle in ihrer Wut zum Teufel.

Als nun der älteste Sohn konfirmiert war, wollte ihn die Stiefmutter gleich aus dem Hause schicken, um einen Esser loszuhaben und seinen Dienstlohn einstecken zu können. Der Vater meinte zwar, der Junge sei noch zu schwach zum Dienen und niemand wolle ihn nehmen, aber die Frau sagte: »Ei, was, er soll fort! Ich will schon einen Herrn für ihn finden, und wenn's der Teufel ist.« Dann packte sie die Kleider und Wäsche des Knaben in einem Bündelchen zusammen und ging mit ihm fort, dem Oberland zu, wo die reichen Bauern zu Hause sind.

Wie sie nun durch den Sigmaringer Wald wanderten, begegnete ihnen ein Jäger, der grüßte recht freundlich und fragte allerlei. Und als der Fremde erfahren hatte, was die Frau wollte, meinte auch er, der Bub sei noch viel zu klein und zu schwach, um sich als Knecht zu verdingen. Die Frau aber sprach: »Ich will schon einen Herrn für ihn finden, und sollte es der Teufel sein.«

Da lächelte der Jäger verstohlen und sagte: »Der Knabe dauert mich. Laßt ihn mir, er soll's gut bei mir haben.« Die Stiefmutter war gleich damit einverstanden, und nachdem sie einen ordentlichen Lohn für das Kind ausgehandelt und ihm sein Kleiderbündelchen übergeben hatte, kehrte sie vergnügt heim und fragte nicht einmal, wo der Jäger denn zu Hause sei.

Der nahm den Knaben bei der Hand und führte ihn immer weiter in den Wald hinein zu einer Höhle. In ihr stiegen sie über viele Stufen hinab in das Innere der Erde, bis sie vor einem großen Tor standen. Der Jäger klopfte, die Flügel taten sich auf, und die beiden traten in einen riesigen Saal, der von vielen Feuern gespenstisch beleuchtet war. Was aber das Kind am meisten erschreckte, war das unaufhörliche Klagen und Jammern, das den ganzen weiten Raum erfüllte. Das Tor ward hinter ihm geschlossen, und als es seinen Begleiter im zuckenden Schein der Lichter musterte, merkte es gar bald, daß es nirgends anders als beim Teufel in der Hölle war.

Aber dem Jungen blieb nicht viel Zeit, darüber nachzudenken, denn sogleich wies ihm der Böse seine Arbeit an: Er mußte Holz tragen und die Feuer, die unter den großen

Kesseln brannten, beständig schüren. Wenn er dies versäume, kriege er Schläge, drohte sein Herr. Auch dürfe er niemals einen der Deckel aufheben und in einen Kessel hineinschauen.

Der Junge hätte gar zu gern gewußt, was in den Kesseln war, aus denen das jämmerliche Geheul drang, und als der Teufel einmal nicht zu sehen war, lupfte er vorsichtig einen Deckel. Aber wie erschrak er, als er seine eigenen Großeltern darin sitzen sah! Die heulten und klagten und baten ihn, er möge doch unter diesen Kessel nicht so viel Holz legen, denn sie müßten in der Hitze gar fürchterliche Schmerzen leiden. Da verschonte der Knabe, so oft er nur konnte, den Kessel und ließ das Feuer darunter sogar manchmal erlöschen, auch wenn er dafür den Buckel voll Schläge bekam.

Nach einiger Zeit sah der Junge, wie zwei Teufel seine böse Stiefmutter anschleppten und sie erst auf einen glühenden Rost legten, um sie danach in einen Kessel mit siedendem Öl zu stecken. Da ward es ihm gar zu unheimlich in der Hölle, und als eben seine zehn Dienstjahre herum waren, wollte er nicht länger beim Teufel bleiben. Er hatte sich gemerkt, wo das Versteck für den Schlüssel zum Höllentor war. Den holte er einmal heimlich, schloß auf und schlich sich fort, hinauf zur Erde. Dort machte er sich auf den Heimweg. Zuvor aber mußte er sich in einem Bächlein gründlich säubern, denn von dem Rauch und Ruß, der ihm so lange um den Kopf geflogen war, sah sein Gesicht ganz schwarz aus, daß man ihn für einen Mohren hätte halten können. In Bodelshausen kannte ihn keiner mehr, und daß er geradewegs vom Teufel aus der Hölle kam, glaubte ihm niemand.

Der Geist auf Andeck

Auf dem Farrenberg bei der Ruine Andeck findet man ein Loch, in dem ein großer Schatz verborgen sein soll. Den bewache, so heißt es, ein Geist.

Ein Mann aus Talheim war ins Elend gekommen, und als er sich nicht mehr zu helfen

wußte, stieg er eines Nachts hinauf zu dem alten Gemäuer. Er suchte sich einen Weg durch das Dickicht und fand auch wirklich die Stelle, aber niemand war zu sehen. Da begann der Mann zu reden, klagte alle seine Sorgen und bat den Geist, ihm von seinem großen Reichtum doch etwas abzugeben. Aber plötzlich fühlte er sich gepackt und so heftig zu Boden geworfen, daß er glaubte, er könne nie mehr aufstehen. Den Geist hat er daraufhin nicht wieder um Hilfe gebeten.

Bei einer Frau in Mössingen erschien einmal ein Mann, der war gekleidet wie ein Pfarrer. Sie ließ ihn ein. Als er mit ihr über mancherlei gesprochen hatte, kam die Rede auch auf den Schatz im Farrenberg. Schließlich bekannte der Mann, er sei der Geist auf Andeck, und sie habe die Macht, ihn zu erlösen. Sie brauche nur hinaufzugehen zum Loch bei der Ruine, dort fände sie eine Geldkiste, bewacht von einem Pudel. Den müsse sie fortjagen, dann sei er erlöst.

Die Frau erschrak, und als er hinzufügte, sie müsse bald sterben, ob sie ihm nun helfe oder nicht, bekam sie solche Angst, daß sie ihn fortschickte. Aber der Mann kam von nun an jeden Tag und wiederholte seine Bitte immer eindringlicher. Nach zwei Wochen fand man die Frau tot in ihrer Kammer. Die Angst vor dem Geist hatte sie umgebracht.

Der Schatz im Farrenwald

Im Farrenwald bei Talheim an der Steinlach soll ein Schatz vergraben sein. Als ein Bauer beim Holzschlagen war, stand plötzlich ein Fräulein vor ihm, das trug ein schneeweißes Gewand und war wunderhübsch anzusehen. Es redete den Verdutzten freundlich an und bat ihn, ein Stück mit ihm in den Wald zu gehen, es wolle ihm einen Schatz zeigen. Dem Bauern kam dies alles recht merkwürdig vor, und er zögerte zuerst, packte dann aber seine Axt und folgte dem Fräulein, das ihn zu einer abgelegenen Waldlichtung führte. Dort zeigte es ihm eine Stelle und sagte, er solle mit der Axt in den Boden hauen. Der Bauer tat dies, und zu seiner Verwunderung sprang beim ersten Hieb ein Pudel aus der Erde, umtanzte den Mann und kläffte wild. Hierauf mußte er noch einmal zuschlagen, da erschien ein steinaltes, kleines Männlein, das trug ein Büchlein, in das der Bauer seinen Namen hineinschreiben sollte. Der aber weigerte sich, bat um acht Tage Bedenkzeit und sagte, er wolle die Sache mit seiner Frau besprechen. Da rief das Fräulein unmutig: »Der mußt du es noch sagen, der verfluchten Raffel!«

Kaum hatte es geendet, war alles verschwunden, und der Bauer stand allein auf der Lichtung. Er dachte, da sei gewiß der Teufel im Spiel gewesen, und mied künftig den Ort. Der Schatz aber liegt immer noch im Farrenwald und wartet auf einen, der sich traut, ihn zu heben.

Die Wichtelmännlein vom Farrenberg

An ihrem Konfirmationstag stiegen Kinder vom Steinlachtal hinauf zum Glindenwasen am Heuberg. Sie setzten sich an den Feldrain und begannen zu singen. Wie eines von ihnen hinüberschaute zum Farrenberg, war ihm, als ob sich dort etwas regte. Es machte die anderen aufmerksam, und da sahen sie plötzlich sechs Männlein, so klein wie Kinder, drüben über dem Tal aus dem Wald treten und auf sie zukommen. Sie trugen rote Gewänder und hatten ganz eigenartige Kappen auf dem Kopf.

Die Kinder wunderten sich über die seltsame Erscheinung, hatten aber keine Furcht, sondern sangen fröhlich weiter und betrachteten die Wichtelmännlein, die stillestanden und lauschten. Schließlich verschwanden die Kleinen, eins hinter dem andern, wieder im Wald. Die Kinder aber gingen nach Hause und berichteten von der merkwürdigen Begegnung.

Der Käsperle von Gomaringen

Bei Gomaringen stand einst ein uraltes Bauernhaus, das die Leute »Aunaut« (Unnot) nannten. Darin hauste ein recht boshafter Geist, der Kaspar oder Käsperle. Er zeigte sich vornehm gekleidet, trug eine weiße Zipfelmütze, weiße Strümpfe und teure Schnallenschuhe. Auch hatte er meist eine Tabakspfeife im Mund.

Der Kaspar war zu Lebzeiten in Gomaringen Vogt gewesen. Er betrog aber die Gemeinde um Ländereien und tat so viel Böses, daß ihm die Menschen am liebsten aus dem Weg gingen und ihn niemand leiden mochte. Schließlich soll er auf grausame Weise zu Tode gekommen sein.

Sein übles Wesen trieb er nun als Geist, klopfte und polterte des Nachts im ganzen Haus, daß keiner schlafen konnte. Wenn eine Frau ein Kind zur Welt brachte, zeigte er sich besonders unruhig. Er nahm der Mutter oft ihr Kleines weg und versteckte es unter dem Bett, tat ihm aber sonst nichts zuleide. In der Weihnachtszeit war es besonders schlimm. Da tobte er im Haus herum, sprang in der Viehkrippe hin und her, daß die Tiere vor Angst brüllten, band die Kühe los und verkehrt wieder an und trieb es so toll, bis der Hausherr rief: »Jetzt bischt aber still!« Dann war's eine Weile ruhig, bis der Kobold aufs Neue seine Streiche spielte. Manchmal trat er auch ganz artig zu den Leuten und hielt ihnen seine Schnupftabaksdose hin. Wollten

sie zugreifen und eine Prise nehmen, so zog er sie schnell zurück und verschwand unter höhnischem Gelächter. Auch sah man ihn des Nachts auf dem Feld an einem Grenzstein herumklopfen, den er wahrscheinlich versetzt hatte.

Als niemand mehr in der Aunaut, dem Spukhause, wohnen wollte, überließ man es einem armen Schreiner. Aber auch dem trieb es der Käsperle zu bunt, und man gedachte, das alte Gebäude abzubrechen, um dem Poltergeist seine Heimstatt zu nehmen. Manche Balken und Bretter waren noch recht gut erhalten und konnten als Bauholz verwendet werden. Deshalb brachte man sie auf Wagen zu einem Neubau mitten in Gomaringen. Alles ging gut, bis man die letzte Fuhre aufgeladen hatte. Da saß plötzlich der Käsperle oben drauf und grinste hämisch auf die Fuhrleute hinunter. Niemand wagte abzuladen, bis endlich der Geist verschwunden war.

Aber wie groß war der Schreck der Leute, die in das neue Haus einzogen, als sie merkten, daß sich auch der Käsperle dort eingestellt hatte und sein Unwesen trieb! Schließlich öffnete man das Grab des Vogts und fand die blutige Leiche noch völlig unverwest im Sarge liegen. Man bestattete sie an einem andern Ort, und seitdem läßt der Käsperle die Gomaringer in Ruhe.

Sagen von der Alb
Joachim Burgik, '85

Der Schatz im Höllenloch

Wenn man über die Alb wandert, findet man immer wieder Erdfälle und Klüfte, die durch einstürzende Hohlräume im Gestein entstanden sind. Weil manche weit hinabreichen in das Erdinnere und unendlich tief erscheinen, glaubte man einst, diese Löcher seien nichts anderes als Pforten zur Hölle, und man vermied es, ihnen nahezukommen. Von einem solchen Höllenloch erzählt folgende Sage.

Vor langer, langer Zeit begegneten Leute aus Feldstetten einem Fremden, dessen Verhalten ihnen recht seltsam erschien. Der Mann war gekleidet wie ein Gelehrter und lief Tag und Nacht auf den Feldern umher, eine Wünschelrute in der Hand, als ob er etwas suchen wollte. Auch murmelte er immerfort sonderbare Gebete und machte eigenartige Zeichen dazu. Schließlich kam er an jene Stelle, wo sich heute das Höllenloch befindet. Da warf er plötzlich die Wünschelrute beiseite und begann wie wild zu graben. Und wirklich, bald stieß er auf eine eiserne Truhe voller Gold. Die Bauern meinten, der Schatz gehöre dem Teufel. Der Fremde aber kümmerte sich nicht um das Gerede, lud die Truhe auf seinen Wagen und fuhr davon.

Erst nach vielen Jahren kehrte der Mann wieder zurück zu der Stelle, wo er einst den Schatz gefunden hatte. Sein Anblick erschreckte die Leute zutiefst: Der Fremde war alt und gebrechlich geworden, voller Unruhe und Angst. Aus hohlen Augen blickte er scheu und furchtsam um sich, ging den Menschen aus dem Weg und strich nur immer um das Loch, das er einst gegraben hatte.

In der Nacht zu einem Freitag, als es im nahen Feldstetten zwölf Uhr schlug, hörte ein Schäfer, der in der Nähe jenes Platzes seine Herde hütete, plötzlich ein herzzerreißendes Jammergeschrei und sah aus dem Loche Flammen schlagen, als ob Blitze gen Himmel fahren würden. Er wagte es nicht, in der Finsternis die Stelle aufzusuchen, und erst als der Tag anbrach, versah er sich mit heiligen Dingen, einem Kreuz und einem Weihwasserkesselchen, und schaute nach dem Loch. Da entdeckte er, daß der Boden sich tief gesenkt hatte. Schaudernd blickte er in den dunklen Schlund, und als er einen Stein hinabwarf, hörte er ihn wohl von Fels zu Fels springen, konnte aber nicht wahrnehmen, ob er am Grunde der Höhle aufschlug.

Die Leute vernahmen mit Grauen die Schilderung des Schäfers und glaubten, jener Fremde habe dem Teufel einst seine Seele verschrieben, um den Schatz zu erlangen, und sei nun von ihm geholt worden. Fortan nannte man den Erdspalt das »Höllenloch«.

Später hüteten einmal Buben aus Feldstetten ihre Rosse auf dem Weideplatz beim Höllenloch. Aus Kurzweil warfen sie Steine in den Schlund und lauschten dem Aufprall. Da war ihnen, als ob die Steine auf Eisen träfen. Der Frieder erinnerte sich, vom krummen Hannes die Geschichte der Schatzsuche vernommen zu haben und meinte, da unten warte die Goldtruhe nur darauf, geborgen zu werden. Den Buben schwindelte bei dem Gedanken an den Reichtum, den man erlangen konnte, und schließlich erbot sich der kecke Frieder, in das Loch zu steigen. Sie banden die Zäume der Pferde aneinander und ließen an diesen den Buben in die Höhle hinab. Der Frieder glitt in das Dunkel, und schon fürchteten sie, er bliebe für immer verschwunden, da rüttelte er am Strick, und sie zogen ihn wieder ans Tageslicht.

Der Schatz sei da, man brauche ihn nur zu holen, sagte er, als die andern ihn aufgeregt umringten, und begann zu erzählen: Als sich seine Augen an die Dunkelheit gewöhnt hatten, sah er auf dem Grunde des Loches eine große Eisenkiste stehen, auf der saß ein schwarzer Pudel mit feurigen Augen. Er aber zeigte keine Furcht und ließ sich weiter hinab. Als er dem Tier nahe kam, wich dieses knurrend zurück und sprang von der Truhe herab. Fast konnte er den Schatz berühren, aber da war der Strick zu Ende.

Die Buben verabredeten, über alles zu schweigen und anderntags mit einem längeren Strick das Wagnis zu wiederholen. Als sie aber an den Ort kamen, hatte sich über

Nacht das Loch geschlossen. Da sprach der Frieder: »Tu dich auf in Gottes Namen!« Aber die Felsen blieben beieinander. »Tu dich auf in keines Namen!« sagte daraufhin der Bub. Wieder blieb alles still. Erst als er zum Entsetzen der anderen rief: »Tu dich auf in Teufels Namen!«, wichen die Felswände auseinander.

Wieder wurde der Frieder in die Tiefe hinabgelassen. Die Buben oben warteten lange Zeit auf das verabredete Zeichen, aber sie hörten nur ein dumpfes Geräusch im Erdinnern, wie wenn es in weiter Ferne donnert. Plötzlich flog eine Schar Raben wild krächzend über ihre Köpfe hinweg. Da erschraken sie, warteten nicht länger und zogen am Strick. Doch der war ganz leicht, und als sein Ende aus dem Dunkel tauchte, da war gewiß, was sie befürchtet hatten: Der Frieder blieb verschwunden.

Seither meiden Menschen und Tiere den Unglücksort, und man erzählt, des Nachts könne man zuweilen ein dumpfes Rollen und klägliches Heulen aus dem Höllenloch heraufdringen hören. Dann quäle der Böse seine beiden Opfer.

Der goldene Sarg

Vor uralter Zeit soll droben bei Grabenstetten eine Burg gestanden haben. Heute noch nennt man die Stelle, wo der Weg zum Dorf hinüber den Wall durchbricht, das »Rittertor«. Der letzte Herr der Burg, ein mächtiger Fürst, war so reich, daß er in einem goldenen Sarg begraben sein wollte. Seine kostbaren Schätze aber sollte man ihm mit in die Gruft geben.

Weil der Fürst fürchtete, Grabräuber könnten seine ewige Ruhe stören, bat er seinen Freund, dafür zu sorgen, daß niemand wisse, wo er begraben sei. Der versprach es, und nach der Bestattung tötete er deshalb alle Knechte des Fürsten, die den Grabhügel kannten, und legte sie zu dem Toten. Dann zog er fort und war fortan verschollen.

Die Burg verfiel, und nur Erdwälle und Gräben erinnern noch an das einstige Bauwerk. Viele suchten schon nach den vergrabenen Schätzen, aber den goldenen Sarg fand noch keiner.

Der Goldkessel der Reichenau

Auf der Reichenau, einem runden Bergkopf in der Nähe von Auingen, soll einst ein Schloß gestanden haben, von dem nur noch Mauerreste und Gräben übriggeblieben sind. Hundert Klafter tief unter der Ruine, so sagen die Leute, ist in einem goldenen Kessel ein ungeheuer kostbarer Schatz verborgen. Alle fünfhundert Jahre nur wird ein Mensch geboren, der die Gabe hat, diesen Schatz zu heben, wenn es ihm nicht an Mut fehlt.

Eines Tages weidete ein Hirte von Heroldstatt am Fuße der Reichenau seine Herde. Als es gegen Abend ging und er die Tiere zusammentrieb, da fehlte ihm ein junges Rind. Er lockte und rief, und nach einigem Suchen hörte er das Tier auf der Reichenau brüllen. Alsbald ging er den Lauten nach und stieg den Berg hinauf.

Aber ehe er noch den Gipfel erreicht hatte, stand plötzlich eine wunderschöne, seltsam gekleidete Jungfrau vor ihm, die redete ihn an und sprach: »Guter Gesell, du kommst zur rechten Zeit an diesen Ort. Denn wisse: Du bist berufen, mich von einem bösen Zauber zu erlösen und jenen Schatz zu heben, der jetzt noch unter unsern Füßen ruht«.

Der Bursche erschrak zuerst über die seltsame Erscheinung. Weil er aber ein armer Schlucker war, lockte ihn doch der Gedanke,

auf einen Schlag der reichste Mann weit und breit zu werden, und er fragte die Jungfrau, was zu tun sei, damit die Erlösung gelänge.

»Wenn wieder Vollmond ist«, so sprach das Mädchen, »dann komm um Mitternacht an diesen Platz. Bring auch zwei Priester mit, denn sie müssen die bösen Geister beschwören. Wenn ihr ihnen nur mutig begegnet, so wird euch kein Schaden zugefügt werden. Tritt du dann vor und ergreife den Goldkessel. Alsbald ist er dein, und ich bin frei. Laßt ihr euch aber schrecken, so muß ich abermals fünfhundert Jahre warten, bis einer kommt, der mir helfen kann, die ewige Ruhe zu finden. Darum erbarm dich meiner, so wie du willst, daß Gott sich deiner einst erbarmt!«

Der Bursche war bewegt von der Bitte der Jungfrau, und er versprach, alles zu tun, um sie zu erlösen. Das Mädchen lächelte und trat auf ihn zu. Wie er ihm jedoch die Hand reichen wollte, da zerfloß das liebliche Bild vor seinen Augen wie ein Nebelstreif im Frühlicht. Im selben Augenblick aber kam das vermißte Rind aus dem Gebüsch gesprungen und folgte seinem Hirten willig den Berg hinab.

Anderntags begab sich der Bursche zum Pfarrer nach Münsingen, berichtete, was ihm widerfahren und bat, ihn in jener Nacht zu begleiten. Der Priester, ein frommer und gescheiter Mann, sagte seine Hilfe zu, den Teufelsspuk zu vertreiben, und als die Zeit gekommen war, fand er sich mit einem Amtsbruder am Fuße der Reichenau ein, wo der Hirte schon auf die beiden wartete.

Drüben im Wald schrie ein Käuzchen, und hin und wieder flatterte eine Fledermaus über den Weg, der im vollen Mondlicht vor ihnen lag, als die Männer schweigend den Berg hinaufwanderten. Aber gerade wie im nahen Auingen der Nachtwächter die elfte Stunde ausrief, begann es im Berg zu rumoren, und plötzlich schoß oben auf dem Gipfel eine helle Flamme empor. In ihrem Licht glänzte ein Kessel, der war bis zum Rande mit Gold und Silber gefüllt.

Doch als die Männer hinzugehen wollten, erhob sich um sie ein fürchterlicher Lärm. Raben krächzten, Eulen schrieen, aus dem Gebüsch wurden Knochen und Steine geschleudert, und grinsende Totenschädel rollten über den Weg. Da sprachen die Drei ein frommes Gebet, und auf einmal war alles so still wie zuvor.

Kaum aber gingen die Männer weiter, da schoben sich drohende Wolken vor den Mond, der Berg bebte, und ein schreckliches Unwetter brach über sie herein. Blitze zuckten gleich feurigen Lanzen nieder, und schauerlich krachte der Donner. Grausige Ungeheuer stürzten aus dem Dickicht und drohten, über die Männer herzufallen.

Wieder half den Männern die Kraft des Gebetes, mutig zu bleiben. Sie schritten auf den Kessel zu, ohne darauf zu achten, was um sie geschah. Aber gerade als der Hirte dem Schatz so nahe war, daß er ihn fast greifen konnte, da öffnete sich die Erde, und aus schwarzen Schlünden kroch scheußliches Gewürm. Den aufgerissenen Rachen entströmte ein abscheulicher Gestank.

Voller Entsetzen wandte sich der Bursche nach den Priestern um, und als er sie in wilder Flucht den Berg hinablaufen sah, rannte er ihnen nach, rannte, ohne auf die Stimme der Jungfrau zu achten, die ihn flehentlich bat, sein Versprechen zu halten, rannte, bis der Lärm um ihn verstummt war und er auf die Geistlichen traf, die außer Atem am Fuße des Berges auf ihn warteten.

Dann erst wandte er sich um und schaute zurück. Um den Gipfel der Reichenau zog ein flammender Schein, eine tiefe Spalte klaffte im Berg, und in ihr verschwand eben der goldene Kessel in der Tiefe.

Die Erde schloß sich wieder. Aus dem Wald aber klang ein solch schauerliches Hohngelächter, daß die Männer sich betroffen anblickten und still nach Hause gingen.

Später sollen Leute nach dem Schatz gegraben haben, aber keiner hatte das Glück, ihn zu finden.

Der Wolfsfelsen

Einen der Felsen, die oberhalb des Dörfleins Glems den Albtrauf zieren, nennt man den »Wolfsfelsen«. Wie er zu seinem Namen kam, erzählt folgende Sage:

Die weite Ebene des Roßfeldes war einst eine Pferdeweide. In einer der Herden befand sich auch ein blindes Tier. Nahte ein Feind, so merkte es später als die andern die drohende Gefahr, und stob die Herde davon, so flüchtete es oft in die falsche Richtung.

Sein ärgster Feind war ein starker Wolf, dem es zuweilen gelang, das blinde Tier anzuspringen und am Hals zu packen. Aber immer konnte das Pferd seinen Gegner abschütteln und ins Gestrüpp schleudern.

Der Wolf jedoch gab nicht auf, und weil er meinte, er sei zu leicht, um das Tier niederzureißen, fraß er einen Haufen Sand. Dann schlich er das Pferd wieder an, das ahnungslos nahe am Waldrand weidete. Plötzlich brach er aus dem Gebüsch und sprang dem Tier an den Hals, wo er sich festbiß. Das Pferd aber bäumte sich auf und schleuderte den Angreifer so heftig zu Boden, daß dessen mit Sand vollgestopfter Wanst aufplatzte und der Wolf tot liegenblieb.

Später fand der Roßhirte das verendete Tier und nannte deshalb den Felsen, wo es zu Tode gekommen, den »Wolfsfelsen«.

Herzog Ulrich auf dem Lichtenstein

Auf der Flucht vor seinen Feinden wandte sich Herzog Ulrich dem Lichtenstein zu, jenem kleinen Felsennest über dem Echaztal, denn er wußte, daß dessen Burgherr treu zu ihm hielt. Doch wagte er nicht, tagsüber in der Burg zu weilen, um seine Anwesenheit den Feinden gegenüber geheim zu halten. Deshalb verbarg er sich in der Nebelhöhle, einem kalten ungemütlichen Felsenloch in der Nähe der Burg. Dort verbrachte er den Tag, und erst wenn es dunkel geworden war, wanderte er hinüber zum Lichtenstein. Schlug dann die Glocke in Honau drunten die elfte Stunde, so klopfte er ans Tor, und fragte der Burgwart, wer Einlaß begehre, so antwortete er: »Der Mann ist da!« Daraufhin wurde ihm geöffnet.

Nur der treue Knecht wußte außer dem Burgherrn und seiner Familie, wer zu solch später Stunde zu Gast war. Der Herzog konnte während der Nacht Hunger und Durst stillen und sich am Feuer wärmen. Dämmerte aber der Morgen, dann mußte der Geächtete wieder zurück in sein Versteck.

Ungeduldig wartete Ulrich Nacht für Nacht auf gute Nachricht von den festen Plätzen, die den Bündischen noch Widerstand leisteten. Doch eine Burg nach der anderen fiel, eine Stadt um die andere öffnete dem Feind die Tore, und als schließlich auch

Hohentübingen, die Festung, auf deren Stärke und Mut er bis zuletzt gebaut hatte, kampflos sich ergab, floh der Herzog bitter enttäuscht in die Schweiz.

Erst nach vielen Jahren konnte er sein Land wieder zurückgewinnen.

Hohengenkingen

Wenn man von Genkingen hinüberwandert zum Lichtenstein, so kommt man an einem Hügel vorbei, auf dem einst eine Burg stand. Vor vielen Jahren lebte hier ein Edelfräulein. Vater und Mutter waren längst gestorben, und weil das Mädchen wenig Einkünfte hatte, mußte es ein Stück Land nach dem anderen verkaufen, um sich und sein Gesinde versorgen zu können, als einmal eine schlimme Hungersnot ausbrach. Zuletzt blieben dem Fräulein nur die Burg und der Wald, von dem sie umgeben war, und weil es seine Heimat über alles liebte, wollte es diesen letzten Besitz nicht weggeben. Aber schließlich war das letzte Brot verzehrt, und es mußte Knecht und Magd, die bis zuletzt ihm treu geblieben, bitten, einen anderen Brotherrn zu suchen.

Dann stieg das Fräulein hinab ins nahe Dorf Genkingen, um Hilfe zu suchen. Aber niemand wollte ihm etwas geben. Die Armen, denen es oft Gutes erwiesen, hatten selber nichts zu nagen und zu beißen, und die Reichen sagten: »Wir müssen in dieser bösen Zeit das Unsere zusammenhalten und können nicht auch noch anderen davon geben.«

Endlich ging das Mädchen zum Schultheiß und sagte: »Wenn die Gemeinde mir jeden Tag ein kleines Laiblein Brot und ein Krüglein Wasser auf die Burg schickt, so soll sie nach meinem Tod all meinen Besitz erben, die Burg und den umliegenden Wald dazu.« Der Schultheiß rief die Gemeinderäte zusammen und besprach mit ihnen die Sache. Denen hätte die Erbschaft schon gefallen, wenn die Bedingungen nicht gewesen wären. »Wer weiß«, sagte einer, »vielleicht kommt doch noch ein anderer Erbe, und dann haben wir unser teures Brot umsonst aufs Schloß geliefert«. – »Ja«, meinte der Schultheiß augenzwinkernd, »und wenn das Fräulein stirbt, fallen uns Burg und Wald umsonst zu, denn sie liegen auf unserer Markung«.

Als dem Fräulein mitgeteilt wurde, daß die Gemeinde auf seinen Vorschlag nicht eingehen könne, kehrte es traurig auf die Burg zurück. Unterwegs aber fiel ihm ein, daß vielleicht die Undinger bereit wären, seiner Bitte zu entsprechen, und es wanderte hinüber nach dem Dörflein, das eine Stunde Wegs von der Burg zwischen Äckern und Wiesen lag. Die Undinger merkten gleich, daß da ein gutes Geschäft zu machen war und ließen sich über den Vertrag Brief und Siegel geben.

Es währte nicht lange, da starb das Fräulein, denn neben dem Hunger hatten ihr die Hartherzigkeit und der Undank der Menschen den Lebensmut genommen. So kamen die Undinger ohne große Mühe in den Besitz der Burg Hohengenkingen. Die Genkinger aber ärgern sich heute noch darüber, daß ihnen durch die Schuld ihrer Vorfahren ein Stück der Dorfmarkung verloren ging.

Der Geist in der Esche

Einst stand bei Genkingen an der Steige, die nach Pfullingen hinunterführt, eine alte Esche, deren Stamm im unteren Teil ganz hohl war. Man sagte, in dem Loch wohne ein Geist, und manche behaupteten, ihn schon gesehen zu haben. Er trug eine rote Weste, schwarze Hosen und weiße Strümpfe.

Die Leute hatten Angst vor dem Eschengeist, denn es wurde erzählt, er erschrecke die vorbeikommenden Wanderer und versuche, sie in den hohlen Stamm hineinzuziehen. Wen wundert's, daß jeder, der vorbei mußte, vor allem des Nachts einen weiten Bogen um den seltsamen Baum machte.

Als einmal in einer Sturmnacht die Esche umstürzte, blieb der Geist fortan verschwunden.

Der Bote und die Hexe

Ein Hayinger Bäuerlein hatte einst den Botendienst zwischen der Stadt und dem nahen Indelhausen übernommen. Als es auf seinem Weg an einem Seitental vorbeikam, spürte es plötzlich eine gewaltige Last auf seinem Rücken, gerade als ob es jemand tragen müßte. Da bekam der Bauer es mit der Angst zu tun, ließ sich aber nichts anmerken und ging weiter. Erst als er beim »Käppele« anlangte, wich der Druck von ihm. Er blickte hinter sich und sah eine Hexe unter großem Getöse durch die Luft reiten, zurück zu jenem Seitental. Es war ein altes Weiblein, das eine Nudelhaube trug.

Auch später noch mußte er des öfteren die Hexe schleppen. Weil er es aber ohne Murren tat, geschah ihm kein Leid.

Die feindlichen Brüder von Gundelfingen

Auf der Burg Hohengundelfingen im Lautertal lebte vor vielen Jahren ein Ritter, der hatte zwei Söhne, Eberhard und Konrad. Eberhard war der jüngere und das Ebenbild des Vaters: rauh, habgierig und jähzornig. Deshalb schätzte ihn jener auch und übertrug ihm sogar das Recht der Erstgeburt. Eberhard wurde damit der Erbe der Stammburg. Seinem Sohn Konrad baute der Vater eine Burg auf einem Hügel im Tal und nannte sie Niedergundelfingen.

Der Bau erforderte hohe Kosten, und dies ärgerte Eberhard, der seinem Bruder den Besitz neidete. Als die Burg vollendet war, lud man zu einem großen Fest. Eberhard aber blieb verbittert zu Hause. Wie nun der Vater spät in der Nacht von dem Gelage heimkam, machte der Sohn ihm heftige Vorwürfe. Ein böses Wort gab das andere, und schließlich schlugen die beiden mit den Waffen aufeinander ein. Der Vater, müde vom Wein, konnte sich der wütenden Angriffe Eberhards nicht lange erwehren. Der indessen zögerte nicht, ihm den Todesstoß zu versetzen und warf den Leichnam über die Mauern der Burg Hohengundelfingen hinunter ins Tal. Dort fand Konrad anderntags seinen toten Vater und schwor dem Mörder blutige Rache. Von nun an glühte ein unversöhnlicher Haß in den Herzen der beiden Brüder.

Eines Tages verirrte sich Konrad auf der Jagd in der Wald- und Felsenwildnis jener Gegend. Als er endlich aus dem Dickicht herausfand, stand er vor einer kleinen Hütte. Er trat näher und bemerkte im Garten bei den Blumen ein Mädchen, das war so schön, wie er noch keines gesehen hatte. Es lebte in jener Einsamkeit mit seiner Mutter, einer Witwe. Der Ritter wurde freundlich aufgenommen und bewirtet, und er fühlte sich wohl in der bescheidenen Hütte. Immer wieder aber mußte er dem Mädchen bei seinen Hantierungen zuschauen, denn alles, was es tat, war voll Anmut und Liebreiz.

Bald ritt er fast täglich hinüber zu der Waldhütte, um das Mädchen zu sehen und mit ihm sprechen zu können, und seine Liebe zu dem schönen Bauernkind wurde so stark, daß er beschloß, es zu seiner Burgherrin zu machen. Die Mutter segnete das Paar, und man bestimmte den Tag der Hochzeit, die mit großem Glanz gefeiert werden sollte.

Eberhard hatte jeden Schritt seines Bruders durch Späher überwachen lassen und wußte, was ihn nach jenem Waldtal trieb. Auch er erfuhr von dem geplanten Hochzeitsfest, und er beschloß in seinem bösen Herzen, die Braut zu entführen.

In einer stürmischen Herbstnacht erschien er mit einem Haufen bewaffneter Knechte

vor der Waldhütte, riß das Mädchen mit Gewalt von der Seite seiner Mutter und wollte es nach Hohengundelfingen bringen. Konrad aber hatte Kunde von der Untat seines Bruders erhalten und versuchte, mit einer Schar Reisiger den Räubern den Weg abzuschneiden.

Im stockfinsteren Wald kam es zu einem erbitterten Kampf, in dem die schöne junge Braut durch einen Pfeilschuß getötet wurde. Konrad irrte die ganze Nacht durch das Gehölz, sie suchend und nach ihr rufend. Aber erst in der Morgendämmerung fanden seine Knechte die blutige Leiche des Mädchens. Bei ihrem Anblick wurde Konrad schier ohnmächtig vor Zorn und Trauer. Plötzlich ertönte über ihm ein teuflisches Hohngelächter. Er blickte auf und sah droben auf der Mauer von Hohengundelfingen seinen Bruder stehen, der sich an seinem Schmerz weidete. Da griff Konrad nach Pfeil und Bogen und legte auf den Mörder an. Im gleichen Augenblick schoß auch Eberhard seinen Pfeil ab – und beide trafen tödlich.

Von den Burgen Hohen- und Niedergundelfingen blieben nur Ruinen. Die Geister der beiden unseligen Brüder aber sollen heute noch, wie die Sage erzählt, zwischen den alten Mauern umherirren, über den Tod hinaus erfüllt von glühendem Haß.

Der böse Baldecker

Auf der Burg Baldeck im Seeburger Tal lebte einst ein Ritter, ein gar hartherziger und grausamer Herr, den die Bauern fürchteten und haßten. Seine Tochter aber war überaus schön und hatte dazuhin ein gütiges und engelreines Herz. Sie mühte sich, gutzumachen, was ihr Vater Böses getan, und nahm sich voller Mitleid der Armen und Kranken an. Tag für Tag stieg sie hinunter in ihre Hütten, brachte den alten Leuten zu essen, putzte und kehrte ihre Kammern, wusch ihre Wäsche, kleidete arme und verwaiste Kinder mit dem Tuch ihrer eigenen Gewänder und tat Gutes, wo sie nur konnte. Aber alles mußte sie vor ihrem bösen Vater verheimlichen.

Schließlich erfuhr jener doch von ihren Besuchen bei den armen Leuten im Dorf und ärgerte sich so sehr darüber, daß er ihr die härtesten Strafen androhte, wenn sie noch einmal gegen seinen Willen die Burg verlassen würde. Das Mädchen aber gedachte des Elends der armen Leute und warf nun jeden Tag heimlich Brot in den Burggraben hinab, wo es die Frauen und Kinder in der Dunkelheit des Abends abholen konnten.

Einmal aber kehrte der Baldecker früher als erwartet von der Jagd zurück und kam gerade dazu, als seine Tochter das Brot für die Armen über die Mauer warf. Da ergrimmte er so sehr, daß er mit gezücktem Schwert auf das Mädchen losging. Jenes wich erschrocken zurück und sprang über die niedere Brüstung des Balkons in den Abgrund. Der Vater wollte es zurückhalten, griff aber ins Leere und stürzte ihm nach.

Als die Armen am Abend wieder das Brot holen wollten, fanden sie die beiden Leichen am Grunde der Schlucht. Beide wurden in der Kirche zu Magolsheim begraben. Der Ritter mußte zur Sühne seiner Schuld jahrelang umgehen. An das Edelfräulein aber denken die Menschen noch heute in Dankbarkeit.

Das Zwiefalter Münster

Als man das Zwiefalter Münster bauen wollte, sollte die mächtige Kirche nach dem Willen der Klosterleute nicht im Tal, sondern auf der Höhe errichtet werden. Man fuhr das Baumaterial zum vorgesehenen Platz. Aber wie staunten die Leute, als sie anderntags die Steine und das Holz neben der Zwiefalter Ach fanden! Wieder wurde alles auf Karren geladen und den Berg hinaufgefahren. Als aber zum zweiten und schließlich zum dritten Mal an den folgenden Tagen das Baumaterial am Bachufer im Tal gefunden wurde, da glaubte man nichts anderes, als daß Gott selbst einen anderen Platz vorgesehen habe denn die Klosterleute und daß Engel des Nachts heruntertrugen, was die Menschen tagsüber den Berg hinaufgeschleppt hatten. Man fügte sich seinem Willen und baute das prächtige Münster im Tal.

Der seltsame Fund

Das Töchterlein eines armen Schusters in Zwiefalten wurde einmal von seinem Vater nach Attenhöfen zum Christlesbauer geschickt, um jenem seine geflickten Schuhe zu bringen. Wie das Mädchen nun entlang der Zwiefalter Ach seines Wegs ging, erblickte es plötzlich im Sumpf am Ufer des Bächleins ein überaus zierlich gearbeitetes Kästchen, voll von schönen farbigen »Gluckern«. Es wunderte sich über den seltsamen Fund. Weil es nun aber an den Schuhen genug zu schleppen hatte und deshalb das Kästchen nicht mitnehmen konnte, steckte es ein paar Glucker zu sich und gedachte, das Übrige auf dem Heimweg mitzunehmen.

Das Mädchen vergaß nicht, was es sich vorgenommen hatte, und als es zu jener sumpfigen Stelle kam, suchte es eifrig nach dem Fund, fand auch seine eigenen Fußstapfen im Morast, das Kästchen indes war verschwunden. Da glaubte es geträumt zu haben und griff in die Tasche. Gott sei Dank, die Glucker waren noch da! Es holte sie hervor und betrachtete sie, da bemerkte es mit Erstaunen, daß die Kugeln alle aus purem Gold waren. Eilends lief das Mädchen nach Hause und brachte sie seinen Eltern. Die verkauften den Schatz und wurden reiche Leute.

Der große Ochse in der Kesselquelle

Hinter dem Kloster Zwiefalten entspringt der zweite Quellfluß der »Zwiefältigen Ach« in einem Kesseltobel, der sich vom Kloster gegen Westen Upflamör zu hinzieht. Der Kessel ist ein großer Quelltopf, ähnlich dem Blautopf. Er soll bis auf den Grund der Hölle hinuntergehen.

Als vor vielen Jahren einmal ein fahrender Schüler mit ein paar Gesellen an der Quelle vorbeikam, erblickte er einen Ochsen, der friedlich in der Talaue weidete. Das Tier war so riesig, wie der Schüler noch keines gesehen, und als er fragte, wem es gehöre, konnte ihm niemand Auskunft geben. Wie nun alle den Ochsen bestaunten, wollte der Bursche seinen Mut zeigen, lief hinzu und faßte das Tier an den gewaltigen Hörnern. Plötzlich aber warf der Ochse den Kopf herum und rannte dem Kessel zu, den Schüler mit sich schleppend. Es war, als ob jener seine Hände nicht mehr von den Hörnern lösen konnte, so sehr er sich auch mühte und um Hilfe schrie. Im Augenblick waren Tier und Mensch im hochaufspritzenden Wasser des Kessels verschwunden, und keinen von beiden sah man je wieder.

Die Gründung von Mariaberg

Über dem Laucherttal erhebt sich ein mächtiger Felsen, auf dem heute das Kloster Mariaberg steht. An diesem Ort soll sich einst das Schloß Altenburg befunden haben. Es gehörte den mächtigen Grafen von Montfort. Einer jenes Geschlechts hatte zwei Söhne, die schon sehr früh besonderen Gefallen daran fanden, allein durch die weiten Wälder und Auen des Laucherttales zu streifen.

An einem heißen Sommertag zur Zeit der Heuernte stiegen die beiden hinab zum Fluß, um in dem kühlen Wasser zu baden. Vom fröhlichen Spiel müde geworden, suchten sie sich einen Platz, um sich auszuruhen. Sie fanden am Ufer eine Scheune, krochen in das frische Heu und waren bald eingeschlafen.

Als die Kinder am Abend nicht heimkehrten, ergriff die Eltern große Angst. Sie riefen nach ihnen, schickten das Gesinde mit Laternen und Fackeln auf die Suche in den Wald, an den Fluß, über die Felder, aber nicht einmal eine Spur fand sich. Anderntags sandte man Boten in alle Täler, in die Dörfer und Städte der Umgebung, doch alles war umsonst. Tag für Tag verging, ohne daß Kunde kam, aber die Eltern gaben in ihrem Schmerz die Hoffnung nicht auf. Schließlich gelobte der Graf, wenn die Kinder wiedergefunden würden, lebendig oder tot, wolle er Gott

zum Dank ein Kloster bauen lassen.

Es wurde Frühling, und als das Futter für das Vieh zu Ende ging, fuhr man hinaus zur Scheune an der Lauchert, um Heu zu holen. Wie entsetzt waren die Knechte, als sie mitten im Heu die Leichen der beiden Knaben entdeckten!

An jenem Nachmittag im Sommer hatten die Kinder so tief geschlafen, daß sie nicht erwachten, als man weiteres Heu durch den Laden warf, ohne die beiden zu bemerken. Die Knaben mußten unter der Last jämmerlich erstickt sein.

Der Graf vergaß nicht, was er einst gelobt hatte, auch wenn ihn tiefer Schmerz erfüllte. Auf der Wiese, wo seine beiden Söhne den Tod gefunden hatten, ließ er eine kleine Kapelle bauen. Als Platz für das Kloster aber wählte er jenen stolzen Felsen über dem Tal und gab seiner Stiftung den Namen »Mariaberg«.

Joachim Burzik
1985

Burg Hielock

Auf einem Felsen über dem Seckachtal bei Mägerkingen findet man altes Gemäuer, die Reste der einstigen Ritterburg Hielock. Sie gehörte dem Roßmann von Mägerkingen, einem stolzen Herrn, der die Bauern verachtete und plagte. Er behandelte die einfachen Leute nicht anders als das Vieh, ließ seine üble Laune an ihnen aus und mißhandelte sie aufs grausamste. Kam er von seiner Burg herabgeritten, so lief alles vor ihm davon und versteckte sich, so sehr fürchteten die Bauern ihren Herrn. Ihm gefiel dies, und weil es ihm nicht paßte, daß die Mägerkinger mit ihm in derselben Kirche sitzen und zum selben Gott beten wollten, blieb er dem Gotteshaus fern.

Bevor er starb, gebot er seiner Tochter, ihn nicht auf dem Gottesacker zu begraben, sondern im Wald hinter der Burg. »Die Bauern«, sagte er, »sollen nicht mit ihren ungeschlachten Schuhen über mein Grab hinwegstolpern.« Die Tochter erfüllte den letzten Wunsch des Ritters und ließ ein großes Steinkreuz auf den Grabhügel setzen. Das »Roßmannskreuz« nannten es die Leute und mieden den Ort.

Nun lebte die Tochter allein mit einer alten Dienstmagd auf Hielock. Sie hatte den Hochmut des Vaters geerbt und verließ die Burg selten, um den verhaßten Bauern nicht begegnen zu müssen. Die Magd schickte sie ins nahe Trochtelfingen, wenn sie Lebensmittel brauchte. Da kam einmal ein Hungerjahr. Die Ernte war mißraten, und das Brot ging aus. Die Dienstmagd kehrte mit leeren Händen vom Einkauf zurück und erzählte, die Bauern würden Erbsen essen, die seien trotz allem ordentlich geraten. Aber die Edelfrau verachtete die einfache Speise und wollte lieber den Hungertod sterben als Bauernkost essen.

Als es lange Zeit still auf der Burg blieb, gingen einige Beherzte hinauf, um nach dem Rechten zu sehen. Da fanden sie zu ihrem Entsetzen die beiden Frauen verhungert im Burghof liegen. Die eine hatte einen Wisch Heu, die andere eine halbverzehrte Maus im Mund.

Danach wollte niemand mehr in der Burg wohnen; die Gebäude zerfielen, und außer den wenigen Mauerresten sind nur noch die Gräben zu sehen, die sie einst gegen das »Roßmannsfeld« abgrenzten.

Beim Barbier im Schattenwald

Ein Stück Feld am Rande der Markung eines Albdörfleins bei Trochtelfingen hat den seltsamen Namen »Beim Barbier«. Nur wenige wissen, daß jener Name an einen Unglücklichen erinnern soll, der hier einst begraben wurde. Früher mied man den Ort, denn man glaubte, der Tote »gehe um«, suche nach Gut und Ehre, die man ihm zu Lebzeiten geraubt, und nach der ewigen Ruhe, die er sich selbst verscherzt hatte.

Vor mehr als zweihundert Jahren lebte in jenem Dörflein ein Mann, der hieß Hansjörg und war Barbier, ein geachteter und allseits beliebter Bürger, der nicht nur Haare schnitt und Bärte scherte, sondern auch erfahren war in der Heilkunst und mit Tränklein und gesundem Menschenverstand manchem Kranken half.

Eines Tages aber starb seine Frau, die Urschel, und kaum war sie unterm Boden, da kam der Schultes mit dem Büttel ins Haus. Der Barbier hatte schon mit dem Besuch der Obrigkeit gerechnet, denn wenn es zum Erben kam, verlangte damals auch der Herzog seinen Teil. Und damit dem Staat nichts abginge, fertigte man eine genaue Aufstellung von allem, was Haus und Hof an Vermögen aufwiesen. Zwei Tage brauchten die Amtspersonen zu dem schwierigen Geschäft, denn der Hansjörg hatte mancherlei gespart und erworben in seinem arbeitsreichen Leben. Als man dann am dritten Tag nach dem Bargeld fragte, holte der Barbier einen Lederbeutel aus dem Kasten und schüttete den Inhalt auf den Tisch. Mehr als 700 Gulden waren es, ein stattlicher Betrag. Die Amtsleute aber sahen sich fragend an, und schließlich meinte der Schultes, der Hansjörg müsse bei seinem Einkommen doch mehr Kapital besitzen.

Aber da kam man an den Richtigen. Der Barbier entrüstete sich über solcherlei Unterstellung, und obwohl man ihm recht drastisch die Folgen einer Steuerhinterziehung vorhielt, schwor er hoch und heilig, kein Geld zu besitzen außer dem vorgewiesenen.

Ein paar Tage später trabten einige Reiter ins Dorf: Die Untersuchungskommission vom Obervogtamt in Urach mit zwei bewaffneten Gendarmen. Beim Barbier wurde alles durchwühlt, die Kasten und Truhen in der Schlafstube, die Tröge in der Küche. Man spähte auch auf dem Dachboden, im Keller, in Scheune und Stall in die hintersten Winkel, fand aber kein Geld. Der Hansjörg schaute gelassen dem Treiben zu und triumphierte schon im Stillen, als die Männer unverrichteter Dinge in die Stube zurückkehrten. Plötzlich aber bemerkte einer, daß eines der Fußbodenbretter eigenartig knarrte. Man hob es auf und entdeckte unter ihm einen Haufen von Gold- und Silbertalern. Als man daraufhin die Suche fortsetzte, fand man auf der Bühne unter der Mehltruhe einen Beutel voll Geld und in einem Topf hinter der Holzbeige weitere Taler.

Der Barbier sprach kein Wort, starrte nur immer auf die Geldstücke, die man sortierte und zählte: mehr als 1500 Gulden hatte er versteckt! Er wußte: Meineid und Steuerhinterziehung, dafür brachten sie ihn ins Zuchthaus!

Als die Gendarmen den alten Mann zum Dorf hinausführten, dachten die meisten Leute bedauernd: »Der kommt so schnell nicht wieder.« Aber ein paar Tage später schon brachte man ihn zurück – tot. Der Unglückliche hatte sich im Gefängnis erhängt.

Einen Selbstmörder durfte man damals nicht auf dem Friedhof begraben. Deshalb wurde der Barbier im äußersten Winkel der Markung, im »Schattenwald«, verscharrt.

Quellennachweise

Bahnmüller, Karl u. a.: Reutlinger Heimatbuch; Oertel + Spörer, Reutlingen.

Bechstein, Ludwig: Aus dem Sagenschatz der Schwaben; Fleischhauer u. Spohn, Stuttgart, 1982.

Birlinger, Anton: Sagen, Märchen, Volksaberglauben; Herder, Freiburg i. B., 1861.

Brants, Walter: Mittelstadt in Vergangenheit u. Gegenwart; Mittelstadt, 1965.

Brüstle, Hans: Das Wilde Heer, Die Sagen Baden-Württembergs; Rombach, Freiburg i. Br., 1977.

Brustgi, Franz Georg: Sagen und Schwänke von der Schwäbischen Alb; Rosgarten Verlag, Konstanz.

Brustgi, Franz Georg: Sagen und Schwänke von Neckar und Unterland; Rosgarten Verlag, Konstanz.

Fischer, Hermann u. a.: Pfullingen einst und jetzt; Neske, Pfullingen, 1982.

Haar, Martin: Mössinger Heimatbuch, 1973.

Kapff, Rudolf: Schwäbische Stammeskunde; Diederichs, Jena, 1926.

Mayer, Carl: Unter Teck und Neuffen; Eigenverlag, Kirchheim u. T., 1948.

Meier, Ernst: Deutsche Sagen, Sitten und Gebräuche aus Schwaben; Metzler, Stuttgart, 1852.

Petzold, Leander: Schwäbische Sagen; Eugen Diederichs Verl., Düsseld./Köln, 1975.

Petzold, Leander: Deutsche Volkssagen; Verlag C. H. Beck München, 1970.

Rommel, Karl: Reutlinger Heimatbuch; Oertel + Spörer, Reutlingen, 1913.

Schmidt-Ebhausen, F. H.: Schwäbische Volkssagen; Kohlhammerverlag, Stuttgart.

Schwab, Gustav: Die Neckarseite der Schwäbischen Alb; Stuttgart, 1823.

Weitbrecht, Carl: Württemberg, wie es war und ist, Band I; Zeller, Stuttgart, 1898.

Wetzel, Manfred: Aus uralter Zeit; Schwaben-Verlag, Ostfildern, 1984.

Schönbuch
Bebenhausen
61
60
57
Einsiedel
62
82
Lustnau
64
Hagelloch
AMMER
Poltringen
106
Unterjesingen
Tübingen
79
Hailfingen
110
Pfäffingen
78
83
90
96
102
69
77
80
Wannweil
ECHAZ
Seebronn
Wendelsheim
108
123
93
87
89
94
97
127
128
Derendingen
Wolfenhausen
116
123
117
Wurmlingen
122
103
118
121
98
130
135
131
Weilheim
Rottenburg
114
113
120
100
119
Bühl
Kiebingen
129
Gomaringen
91
104
99
134
Niedernau
105
141
NECKAR →
124
Dußlingen
STEINLACH
Nehren
Rammert
132
Mössingen
Bodelshausen
136
138
Talheim
Belsen
140
139
Hohenzollern